# Treffpunkt Deutsch 2

## Testen und Fördern

Stefan Schäfer



www.oebv.at

## Liebe Schülerin, lieber Schüler!

Dieses Heft enthält zu den Kapiteln in deinem Schulbuch passende **Kompetenztests**, mit denen du dein Können in den fünf Kompetenzbereichen des Deutschunterrichts selber überprüfen kannst.

Hast du bei den Aufgaben in den Kompetenzbereichen „Grammatik“ oder „Rechtschreibung“ Schwierigkeiten, dann bearbeite das **Fördermaterial** zu den dir schwerfallenden Themen.

Die **Lösungen** findest du gesammelt am Ende des Buches.

Die Audio-Dateien, die du für den Kompetenztest „Hörverstehen“ brauchst, findest du über einen

**Online-Code** auf der Website www.oebv.at

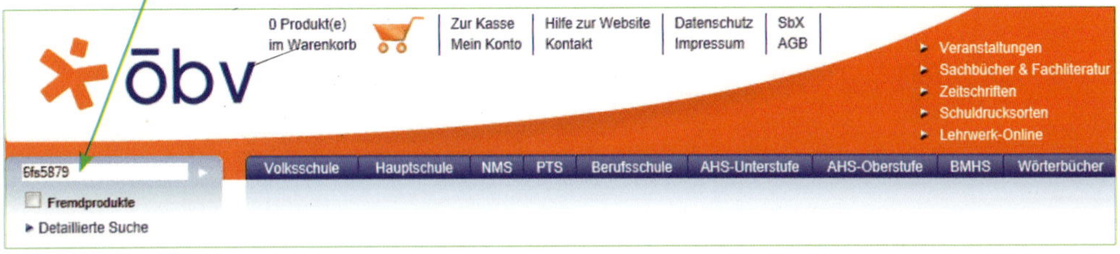


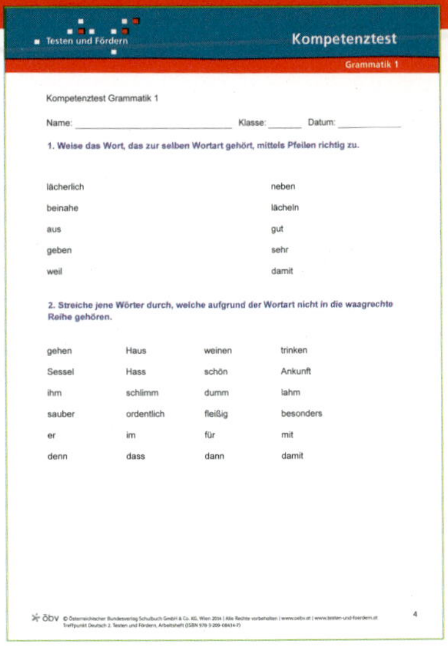


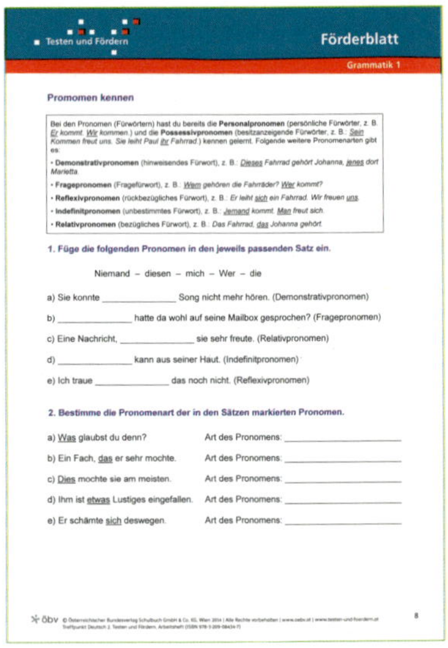


## Hinweis für Lehrerinnen und Lehrer

Auf www.testen-und-foerdern.at finden Sie die abgedruckten Tests auch als interaktive Anwendungen.

Haben Ihre Schülerinnen und Schüler die Tests bearbeitet, erhalten Sie eine Auswertung nach verschiedenen Kompetenzbereichen für die gesamte Klasse und individuell für jeden Schüler und jede Schülerin. Automatisch wird Ihnen dann auch das passende Fördermaterial angeboten und zusammengestellt.

Nähere Informationen zum Onlineportal Testen-und-Fördern finden Sie auch auf www.oebv.at und auf www.testen-und-foerdern.at .

Treffpunkt Deutsch 2. Testen und Fördern, Arbeitsheft (ISBN 978-3-209-08434-7)

Kompetenztest Grammatik 1

Name: ______________________________ Klasse: ______ Datum: ____________

**1. Weise das Wort, das zur selben Wortart gehört, mittels Pfeilen richtig zu.**

| | |
|---|---|
| lächerlich | neben |
| beinahe | lächeln |
| aus | gut |
| geben | sehr |
| weil | damit |

**2. Streiche jene Wörter durch, welche aufgrund der Wortart nicht in die waagrechte Reihe gehören.**

| | | | |
|---|---|---|---|
| gehen | Haus | weinen | trinken |
| Sessel | Hass | schön | Ankunft |
| ihm | schlimm | dumm | lahm |
| sauber | ordentlich | fleißig | besonders |
| er | im | für | mit |
| denn | dass | dann | damit |


Treffpunkt Deutsch 2. Testen und Fördern, Arbeitsheft (ISBN 978-3-209-08434-7)

**3. Um welche Art von Pronomen handelt es sich bei den markierten Wörtern? Ordne mittels Pfeilen richtig zu.**

| | |
|---|---|
| **Jemand** wartete da draußen auf ihn. | Relativpronomen (bezügliches Fürwort) |
| War das wieder **der** Mann, der ihn verfolgte? | Indefinitpronomen (unbestimmtes Fürwort) |
| War das wieder der Mann, der **ihn** verfolgte? | Interrogativpronomen (fragendes Fürwort) |
| Oder **wer** konnte es sonst sein? | Personalpronomen (persönliches Fürwort) |

**4. Ergänze die Tabelle, indem du die Wörter in die richtige Spalte schreibst. Tipp: Streiche das Wort durch, wenn du es in die Tabelle eingetragen hast!**

hier – immer – sofort – hoch – also – auch – deshalb – folglich – trotzdem

abwärts – gern – rechts – außerdem – jetzt – manchmal – anders – dennoch

da – so – später

| Lokaladverbien | Temporaladverbien | Modaladverbien | Kausaladverbien |
|---|---|---|---|
| | | | |
| | | | |
| | | | |
| | | | |
| | | | |




Treffpunkt Deutsch 2. Testen und Fördern, Arbeitsheft (ISBN 978-3-209-08434-7)

**5. Markiere die richtigen Wörter (unterstreichen oder einkreisen) passend zu den Verbstämmen.**

| | -bar | -haft | -ig | -lich | -sam |
|---|---|---|---|---|---|
| **herz-** | herzbar | herzhaft | herzig | herzlich | herzsam |
| **sonder-** | sonderbar | sonderhaft | sonderig | sonderlich | sondersam |
| **heil-** | heilbar | heilhaft | heilig | heillich | heilsam |
| **folg-** | folgbar | folghaft | folgig | folglich | folgsam |

**6. Markiere die richtigen Wörter (unterstreichen oder einkreisen) passend zu den Verbstämmen.**

| | ab- | um- | ver- | vor- | wider- |
|---|---|---|---|---|---|
| **-bleiben** | abbleiben | umbleiben | verbleiben | vorbleiben | widerbleiben |
| **-fahren** | abfahren | umfahren | verfahren | vorfahren | widerfahren |
| **-gehen** | abgehen | umgehen | vergehen | vorgehen | widergehen |
| **-stehen** | abstehen | umstehen | verstehen | vorstehen | widerstehen |


Treffpunkt Deutsch 2. Testen und Fördern, Arbeitsheft (ISBN 978-3-209-08434-7)

## Wortarten kennen

In der 1. Klasse hast du schon folgende sechs Wortarten kennen gelernt:

- **Nomen** (Namenwort), z. B.: *Sessel, Lampe, Arbeit, Traum, Neid*
- **Verb** (Zeitwort), z. B.: *beneiden, träumen, arbeiten, haben, mögen*
- **Adjektiv** (Eigenschaftswort), z. B.: *neidisch, traumhaft, arbeitsscheu, möglich, schön*
- **Präposition** (Vorwort), z. B.: *nach, in, aus, wegen, mit*
- **Pronomen** (Fürwort), z. B.: *mein, dein, er, sie, es*
- **Artikel** (Begleiter/Geschlechtswort), z. B.: *ein, eine, der, die, das*

**1. Hier findest du jeweils ein weiteres Beispiel für die verschiedenen Wortarten. Wenn du die Wörter richtig in der Tabelle anordnest, ergeben die Silben in den Klammern einen kleinen Lösungssatz. Wie heißt der Satz?**

süss (folg) – sein (Su) – legen (Er) – dem (chen) – Raum (Viel) – für (beim) – legen (Er)

| Nomen | Verb | Adjektiv | Präposition | Pronomen | Artikel |
|---|---|---|---|---|---|
| | | | | | |

Lösungssatz:

______________________________

**2. Kreuze an, zu welcher Wortart das Wort jeweils gehört.**

a) loben ☐ Adjektiv ☐ Verb ☐ Präposition ☐ Pronomen

b) tüchtig ☐ Adjektiv ☐ Verb ☐ Präposition ☐ Pronomen

c) dank ☐ Adjektiv ☐ Verb ☐ Präposition ☐ Pronomen

d) ihm ☐ Adjektiv ☐ Verb ☐ Präposition ☐ Pronomen

e) wir ☐ Adjektiv ☐ Verb ☐ Präposition ☐ Pronomen

f) vor ☐ Adjektiv ☐ Verb ☐ Präposition ☐ Pronomen


Treffpunkt Deutsch 2. Testen und Fördern, Arbeitsheft (ISBN 978-3-209-08434-7)

## Promomen kennen

Bei den Pronomen (Fürwörtern) hast du bereits die **Personalpronomen** (persönliche Fürwörter, z. B. *Er kommt. Wir kommen.*) und die **Possessivpronomen** (besitzanzeigende Fürwörter, z. B.: *Sein Kommen freut uns. Sie leiht Paul ihr Fahrrad.*) kennen gelernt. Folgende weitere Pronomenarten gibt es:

- **Demonstrativpronomen** (hinweisendes Fürwort), z. B.: *Dieses Fahrrad gehört Johanna, jenes dort Marietta.*
- **Fragepronomen** (Fragefürwort), z. B.: *Wem gehören die Fahrräder? Wer kommt?*
- **Reflexivpronomen** (rückbezügliches Fürwort), z. B.: *Er leiht sich ein Fahrrad. Wir freuen uns.*
- **Indefinitpronomen** (unbestimmtes Fürwort), z. B.: *Jemand kommt. Man freut sich.*
- **Relativpronomen** (bezügliches Fürwort), z. B.: *Das Fahrrad, das Johanna gehört.*

### 1. Füge die folgenden Pronomen in den jeweils passenden Satz ein.

Niemand – diesen – mich – Wer – die

a) Sie konnte ______________ Song nicht mehr hören. (Demonstrativpronomen)

b) ______________ hatte da wohl auf seine Mailbox gesprochen? (Fragepronomen)

c) Eine Nachricht, ______________ sie sehr freute. (Relativpronomen)

d) ______________ kann aus seiner Haut. (Indefinitpronomen)

e) Ich traue ______________ das noch nicht. (Reflexivpronomen)

### 2. Bestimme die Pronomenart der in den Sätzen markierten Pronomen.

a) Was glaubst du denn? Art des Pronomens: ______________________

b) Ein Fach, das er sehr mochte. Art des Pronomens: ______________________

c) Dies mochte sie am meisten. Art des Pronomens: ______________________

d) Ihm ist etwas Lustiges eingefallen. Art des Pronomens: ______________________

e) Er schämte sich deswegen. Art des Pronomens: ______________________


Treffpunkt Deutsch 2. Testen und Fördern, Arbeitsheft (ISBN 978-3-209-08434-7)

## Adverbien kennen

**Adverbien** (Umstandswörter) geben die näheren oder genaueren Umstände einer Handlung oder einer Sache an. Adverbien sind unveränderlich, können also nicht gebeugt oder gesteigert werden. Nach ihrer Bedeutung lassen sich vier Gruppen von Adverbien unterscheiden:

- **Lokaladverbien** (Umstandswörter des Ortes), z. B.: *hier, dorthin, nirgendwo*
- **Temporaladverbien** (Umstandswörter der Zeit), z. B.: *heute, stets, immer*
- **Modaladverbien** (Umstandswörter der Art und Weise), z. B.: *sehr, irgendwie, außerdem*
- **Kausaladverbien** (Umstandswörter des Grundes), z. B.: *folglich, trotzdem, deswegen*

### 1. Füge die folgenden Adverbien in den jeweils passenden Satz ein.

dort – genauso – also – morgens

a) Sie steht ______________ meist sehr früh auf. (Temporaladverb)

b) Er hat sein Handy ______________ vergessen. (Lokaladverb)

c) Dann haben sie ______________ ihre Hausübungen wieder nicht gemacht. (Kausaladverb)

d) Sie wollten das ______________ machen. (Modaladverb)

### 2. Bestimme die Art des Adverbs der in den Sätzen markierten Adverbien.

a) Ich habe mich schon häufig verirrt. – Art des Adverbs: ________________________

b) Sie hat mich deshalb extra noch gefragt. – Art des Adverbs: ________________________

c) Er war damit halbwegs zufrieden. – Art des Adverbs: ________________________

d) Sie warteten draußen. – Art des Adverbs: ________________________


Treffpunkt Deutsch 2. Testen und Fördern, Arbeitsheft (ISBN 978-3-209-08434-7)

## Wortbildung

Mit Hilfe von Vorsilben (Präfixen) und Nachsilben (Suffixen) kann man von einem Wortstamm Wörter bilden, z. B. **Wortstamm** *-sicht-*:

- **Präfixe** *Vor-sicht, An-sicht, Nach-sicht*
- **Suffixe** *sicht-bar, sicht-lich*
- **Präfix und Suffixe** *un-sicht-bar, nach-sicht-ig, Un-vor-sicht-ig-keit*

**1. Schreibe die folgenden Wörter ab und füge zwischen den Vor-und Nachsilben und dem Stamm einen Bindestrich ein (z. B. *Un-sicht-bar-keit*).**

a) absichtlich ______________________________

b) unbestreitbar ______________________________

c) einfühlsam ______________________________

d) Unzuverlässigkeit ______________________________

**2. Füge die folgenden Wortbauteile zu einem Wort zusammen.**
**Beispiel: *en ver pack → verpacken***

a) lieb ver en ______________________________

b) stell Vor ung ______________________________

c) vor bar stell un ______________________________

d) los keit ig Lieb ______________________________

e) lich Un keit mensch ______________________________

f) her bar vor seh un ______________________________


Treffpunkt Deutsch 2. Testen und Fördern, Arbeitsheft (ISBN 978-3-209-08434-7)

## Kompetenztest Grammatik 2

Name: ______________________________ Klasse: _______ Datum: ____________

**1. Bilde wie im Beispiel („er sagte – (fragen): er fragte") zum angegebenen Verb dieselbe Verbform, in der auch das vorhergehende Verb steht.**

a) er steht – (liegen): ______________________

b) du gibst – (halten): ______________________

c) er rannte – (gehen): ______________________

d) wir haben gesehen – (kommen): ______________________

e) du wirst sprechen – (diskutieren): ______________________

f) du kannst – (mögen): ______________________

g) ihr hattet gelesen – (fliegen): ______________________

**2. Bestimme in den Sätzen jeweils das angegebene Verb in der richtigen Verbform. Streiche die falschen Formen durch!**

a) Er kam früh, verlassen / verließ / verlaß die Party aber erst spät.

b) Nach der Schule werde / wirst / wird sie wohl eine Lehre machen / gemacht / machte.

c) Er kommt / kommst / komme zu spät zur Schule, weil er seinen Schulbus verpasst hat.

d) Nachdem sie sich die Zähne geputzt haben / geputzt habe / geputzt hatte, legte sie sich sofort schlafen.


Treffpunkt Deutsch 2. Testen und Fördern, Arbeitsheft (ISBN 978-3-209-08434-7)

**3. Kreuze an, ob es sich bei den markierten Verbformen um Aktiv- oder Passivformen handelt.**

a) Es wird wohl bald schneien. ☐ Aktivform ☐ Passivform

b) Das Flugblatt wird gelesen. ☐ Aktivform ☐ Passivform

c) Sie werden beobachtet. ☐ Aktivform ☐ Passivform

d) Sie werden bald wieder kommen. ☐ Aktivform ☐ Passivform

e) Er wird gewählt. ☐ Aktivform ☐ Passivform

f) Elke wird heiraten. ☐ Aktivform ☐ Passivform

g) Hannes ging zur Arbeit. ☐ Aktivform ☐ Passivform

h) Ich bin von ihr gerufen worden. ☐ Aktivform ☐ Passivform

**4. Kreuze an, ob es sich um eine geschlossene, halb-offene oder um eine offene Frage handelt.**

| | geschlossen | halb-offen | offen |
|---|---|---|---|
| a) Wann kommst du morgen zu mir? | ☐ | ☐ | ☐ |
| b) Hast du Ron zur Party eingeladen? | ☐ | ☐ | ☐ |
| c) Wie findest du Kevins neues Fahrrad? | ☐ | ☐ | ☐ |
| d) Woher kommst du? | ☐ | ☐ | ☐ |
| e) Hat Maria heute frei? | ☐ | ☐ | ☐ |
| f) Wie schnell fährt das Auto? | ☐ | ☐ | ☐ |
| g) Geht es deiner Oma gut? | ☐ | ☐ | ☐ |
| h) Willst du mich morgen besuchen? | ☐ | ☐ | ☐ |
| i) Wer ist dein Lieblingsschauspieler? | ☐ | ☐ | ☐ |
| j) Wie groß ist deine Schwester? | ☐ | ☐ | ☐ |
| k) Wie alt bist du? | ☐ | ☐ | ☐ |
| l) Warum bist du so spät dran? | ☐ | ☐ | ☐ |


Treffpunkt Deutsch 2. Testen und Fördern, Arbeitsheft (ISBN 978-3-209-08434-7)

**5. Kreuze an, um welche Art von adverbialer Bestimmung (Umstandsangabe) es sich bei dem markierten Satzglied handelt.**

a) Sie wartete vor der Schule auf ihre Schwester.

☐ Zeitergänzung ☐ Ortsergänzung ☐ Artergänzung ☐ Begründungsergänzung

b) Sie gab Michael das Heft vor dem Unterricht zurück.

☐ Zeitergänzung ☐ Ortsergänzung ☐ Artergänzung ☐ Begründungsergänzung

c) Er folgte dem Unterricht mit großem Interesse.

☐ Zeitergänzung ☐ Ortsergänzung ☐ Artergänzung ☐ Begründungsergänzung

d) Aus Langeweile malte er kleine Männchen in sein Heft.

☐ Zeitergänzung ☐ Ortsergänzung ☐ Artergänzung ☐ Begründungsergänzung

**6. Markiere (unterstreichen oder einkreisen) in den folgenden Sätzen jeweils das Attribut (Beifügung).**

a) Sie haben ein schönes Haus.

b) Sie betraten das neu gestaltete Zimmer.

c) Ihr Freund aus Deutschland schrieb ihr.

d) Er war der Vater ihrer Freundin.

e) Das war ein Film, den sie kannte.

f) Er hatte ein Handy ohne Touchscreen.


Treffpunkt Deutsch 2. Testen und Fördern, Arbeitsheft (ISBN 978-3-209-08434-7)

## Verben konjugieren

Verben können verschiedene **Zeitformen** bilden:
- **Präteritum** (Mitvergangenheit, z. B.: *ich schwamm, er sagte*)
- **Perfekt** (Vergangenheit, z. B.: *ich bin geschwommen, sie hat gesagt*)
- **Präsens** (Gegenwart, z. B.: *ich schwimme, er sagt*)
- **Futur** (Zukunft, z. B.: *ich werde schwimmen, sie wird sagen*)

### 1. Ordne die folgenden Personalformen den richtigen Tempora (Zeitformen) zu.

**Tipp: Streiche die Form durch, wenn du sie in die Tabelle eingetragen hast!**

du bist gerutscht – ich ging – er hat gesehen – er dachte – sie verlangte – du wirst sehen – wir werden lesen – du wirst lügen – ihr lebt – ich schreibe – wir sind gekommen – sie wandern

| Präteritum | Perfekt | Präsens | Futur |
|---|---|---|---|
| | | | |

### 2. Ergänze in der Tabelle die fehlenden Stammformen.

| Präsens | Präteritum | Perfekt (Partizip II) |
|---|---|---|
| | *ritt* | *geritten* |
| *gehen* | *ging* | |
| *leben* | *lebte* | |
| | *zog* | *gezogen* |
| *schneiden* | | |
| | | *geflogen* |


Treffpunkt Deutsch 2. Testen und Fördern, Arbeitsheft (ISBN 978-3-209-08434-7)

## Aktiv- und Passivformen bei Verben

Verben (Zeitwörter) können im Aktiv oder im Passiv vorkommen:

- **Aktiv**: Eine Tätigkeit oder ein Geschehen wird aus der Sicht des Handelnden beschrieben. Der Handelnde ist zugleich Subjekt des Satzes. – *Sie hören der Lehrerin aufmerksam zu. Der Bauer pflügt den Acker.*
- **Passiv**: Die Tätigkeit oder das Geschehen an sich steht im Vordergrund, der Handelnde kann ungenannt bleiben. – *Der Lehrerin wird (von ihnen) aufmerksam zugehört. Der Acker wird (vom Bauern/durch den Bauer) gepflügt.*

**1. Im Folgenden findest du Satzpaare. Ein Satz jedes Paares steht im Aktiv, einer im Passiv. Schreibe jeweils hinter die Sätze, ob es sich um einen Aktiv- oder um einen Passivsatz handelt.**

a) Sie putzen Schuhe. ____________________

Schuhe werden geputzt. ____________________

b) Sie schreiben heute in der Schule ein Diktat. ____________________

In der Schule wird heute ein Diktat geschrieben. ____________________

c) Es wird viel Saft getrunken werden. ____________________

Sie werden viel Saft trinken. ____________________

d) Sie werden sicher von der Polizei genau beobachtet werden. ____________________

Die Polizei wird sie sicher genau beobachten. ____________________




Treffpunkt Deutsch 2. Testen und Fördern, Arbeitsheft (ISBN 978-3-209-08434-7)

Wie im Aktiv können auch im Passiv von einem Verb verschiedene Zeitformen gebildet werden:

| | Aktiv | Passiv |
|---|---|---|
| Präsens (Gegenwart) | Die Polizei verfolgt den Verdächtigen. | Der Verdächtige wird (von der Polizei) verfolgt. |
| Präteritum (Mitvergangenheit) | Die Polizei verfolgte den Verdächtigen. | Der Verdächtige wurde (von der Polizei) verfolgt. |
| Perfekt (Vergangenheit) | Die Polizei hat den Verdächtigen verfolgt. | Der Verdächtige ist (von der Polizei) verfolgt worden. |

**2. Schreibe die Sätze an die richtige Stelle in der Tabelle.**
**Tipp: Streiche den Satz durch, wenn du ihn in die Tabelle eingetragen hast!**

Der Verdächtige ist beobachtet worden. – Der Verdächtige wird beobachtet. – Die Sachen werden aufgeräumt. – Die Sachen wurden aufgeräumt. – Alles ist aufgegessen worden. – Alles wurde aufgegessen.

| Präsens (Gegenwart) | Präteritum (Mitvergangenheit) | Perfekt (Vergangenheit) |
|---|---|---|
| | Der Verdächtige wurde beobachtet. | |
| | | Die Sachen sind aufgeräumt worden. |
| Alles wird aufgegessen. | | |


Treffpunkt Deutsch 2. Testen und Fördern, Arbeitsheft (ISBN 978-3-209-08434-7)

## Adverbiale Bestimmungen

Die **adverbiale Bestimmung** (Umstandsergänzung) ist – neben dem Subjekt, dem Prädikat und den Objekten – ein weiteres Satzglied; es gibt die näheren Umstände eines Geschehens an. Man unterscheidet:

- **adverbiale Bestimmung der Zeit** (antwortet auf Fragen wie *Wann? Wie lange? Wie oft?*), z. B.: *Sie fahren im Sommer nach Griechenland. Sie sind oft in Griechenland.*
- **adverbiale Bestimmung des Ortes** (antwortet auf Fragen wie *Wo? Wohin? Woher?*), z. B.: *Sie fahren im Sommer nach Griechenland. Sie sind oft in Griechenland.*
- **adverbiale Bestimmung der Art und Weise** (antwortet auf Fragen wie *Wie? Wie sehr?*), z. B.: *Mit viel Geschick lösten sie das Rätsel. Er regnete heftig.*
- **adverbiale Bestimmung des Grundes** (antwortet auf Fragen wie *Warum? Weshalb?*), z. B.: *Aufgrund der Hitze mussten sie viel trinken. Aus Angst vor einem Hitzschlag trugen sie Hüte.*

### 1. Formuliere wie im Beispiel für die markierten adverbialen Bestimmungen die passende Satzgliedfrage.

Beispiel: Die Kinder spielten begeistert Ball. (= adverbiale Bestimmung der Art und Weise )
→ Wie spielten die Kinder Ball?

a) Der Chor sang herrlich. (= adverbiale Bestimmung der Art und Weise)
Satzgliedfrage:

________________________________________

b) Der Chor sang wegen Weihnachten. (= adverbiale Bestimmung des Grundes)
Satzgliedfrage:

________________________________________

c) Der Chor sang in der Kirche. (= adverbiale Bestimmung des Ortes)
Satzgliedfrage:

________________________________________

d) Der Chor sang am Abend. (= adverbiale Bestimmung der Zeit)
Satzgliedfrage:

________________________________________


Treffpunkt Deutsch 2. Testen und Fördern, Arbeitsheft (ISBN 978-3-209-08434-7)

**2. Formuliere für die markierten adverbialen Bestimmungen die passende Satzgliedfrage und bestimme anschließend die Art der adverbialen Bestimmung.**

a) Am Morgen war sie immer noch sehr müde.

Satzgliedfrage:

______________________________________________

Art der adverbialen Bestimmung:

____________________________________

b) Vor Müdigkeit konnte sie sich kaum auf den Beinen halten.

Satzgliedfrage:

______________________________________________

Art der adverbialen Bestimmung:

____________________________________

c) Im Bus machte sie noch ein wenig die Augen zu.

Satzgliedfrage:

______________________________________________

Art der adverbialen Bestimmung:

____________________________________

d) Im Unterricht war sie dann aber hellwach.

Satzgliedfrage:

______________________________________________

Art der adverbialen Bestimmung:

____________________________________


Treffpunkt Deutsch 2. Testen und Fördern, Arbeitsheft (ISBN 978-3-209-08434-7)

## Attribute

Ein **Attribut** (Beifügung) ist eine genauere inhaltliche Bestimmung eines Nomens (Namenwortes), z. B. *das lachende Kind – ein Kind, das lacht – das Kind ihrer Schwester*

Wie die Beispiele zeigen, können Attribute aus mehreren Wörtern bestehen und unterschiedliche Formen haben. Erkennen kann man Attribute aber immer daran, dass sie nur gemeinsam mit ihrem Bezugswort im Satz verschoben werden können.

### 1. Ergänze in den Sätzen die passenden Attribute.

ihres Vaters – kleinen – der sie begeisterte – mit Allradantrieb

a) Die Katze spielte mit einem ______________________ Wollknäuel.

b) Zufällig hatten sie in der Stadt das Auto ______________________ gesehen.

c) Die Familie hatte sich endlich ein Auto ______________________ gekauft.

d) Das war ein Film, ______________________.

### 2. Stelle wie im Beispiel die Satzglieder um und markiere das Bezugswort des Attributs farbig.

Beispiel: *Die Familie machte im Sommer einen langen Urlaub.* → *Einen langen Urlaub machte die Familie im Sommer.* (oder: *Im Sommer machte die Familie einen langen Urlaub.*)

a) Der Hund, der immer gerne spielte, fand im Garten einen Ball.

______________________________________________

______________________________________________

b) Das Ferienhaus der Familie lag an einem kleinen See in Oberösterreich.

______________________________________________

______________________________________________

c) Zum Geburtstag wünschte er sich einen Bildband mit Tierfotografien.

______________________________________________

______________________________________________


Treffpunkt Deutsch 2. Testen und Fördern, Arbeitsheft (ISBN 978-3-209-08434-7)

Kompetenztest Grammatik 3

Name: ______________________ Klasse: ________ Datum: ____________

**1. Ordne mittels Pfeilen die Bedeutungsumschreibungen der passenden Redewendung zu.**

| Redewendung |
|---|
| in den sauren Apfel beißen |
| aus der Haut fahren |
| den Kopf verlieren |
| weiche Knie bekommen |
| jemandem den Kopf waschen |
| ein Stein vom Herzen fallen |

| Umschreibung |
|---|
| nicht mehr wissen, was man tut |
| jemandem seine Meinung sagen, ihn zurechtweisen |
| wütend werden, aufbrausen |
| erleichtert sein |
| eine unangenehme Aufgabe übernehmen |
| Angst bekommen, unsicher werden |

**2. Füge die folgenden Wörter so in die Sätze ein, dass die Sätze sinnvoll und inhaltlich richtig sind.**

Ersatzwörtern – Verweiswörter – Ersatzwörter – Synonyme

a) ______________________ spielen eine wichtige Rolle in Texten, da sie dabei helfen, Wortwiederholungen zu vermeiden.

b) Zu den ____________________ zählen neben den Pronomen auch ________________ bzw. bedeutungsähnliche Wörter.

c) Wörter, die im Text auf Inhalte verweisen, die vorher oder nachher im Text stehen, nennt man ______________________.


Treffpunkt Deutsch 2. Testen und Fördern, Arbeitsheft (ISBN 978-3-209-08434-7)

**3. Markiere in den folgenden Satzgefügen im Gliedsatz das Einleitewort rot und das Prädikat grün (Personalform).**

a) Er hatte verschlafen, obwohl er sich einen Wecker gestellt hatte.

b) Weil er verschlafen hatte, kam er zu spät in die Schule.

c) Nachdem er den Wecker gestellt hatte, ging er ins Bett.

d) Er wird, wenn der Wecker klingelt, eigentlich immer wach.

e) Er stellte sich den Wecker, damit er auf keinen Fall verschläft.

**4. Kreuze an, ob es sich bei den folgenden Satzverbindungen um Hauptsatzreihen oder um Satzgefüge handelt.**

| | | Satzgefüge | Hauptsatzreihe |
|---|---|---|---|
| a) | Damit es ihnen während der langen Zugfahrt, die sie nach Paris unternehmen wollen, nicht langweilig werden wird, nehmen sie sich viele Zeitschriften, die sie zuvor am Bahnhof gekauft haben, und Spiele mit. | | |
| b) | Während ihre Schwester, die schon immer etwas schneller war als andere, schon fernsah, machte Lena noch immer ihre Hausübungen. | | |
| c) | Das Kind wachte schon nach kurzer Zeit wieder auf, es kam aus seinem Zimmer und wollte dann nicht wieder ins Bett gehen. | | |
| d) | Er lernte das Gitarrespielen recht schnell, denn er hat sehr viel geübt. | | |
| e) | Es regnete, als ob die Sintflut käme. | | |
| f) | Entweder fliegt sie in den Ferien nach London oder sie macht Urlaub auf dem Bauernhof. | | |


Treffpunkt Deutsch 2. Testen und Fördern, Arbeitsheft (ISBN 978-3-209-08434-7)

**5. Bilde wie im Beispiel von den folgenden Verben jeweils die entsprechende Form im Präteritum (Mitvergangenheit).**

| Präsens | Präteritum | Präsens | Präteritum |
|---|---|---|---|
| ich stehe | *ich stand* | ich steige | |
| ich fahre | | ich komme | |
| ich fliege | | ich sehe | |
| ich rate | | ich gehe | |
| ich bitte | | ich trete | |

**6. Ordne die Tiere mittels Pfeilen einer Eigenschaft so zu, dass sich ein sinnvoller Vergleich ergibt.**

| | |
|---|---|
| schlau wie | ein Esel |
| falsch wie | ein Löwe |
| stark wie | ein Fuchs |
| blind wie | eine Mücke |
| klein wie | ein Maulwurf |
| dumm wie | eine Schlange |

**7. Kreuze die Sätze an, bei denen ein oder mehr Wörter bildhaft (d. h. nicht in ihrer ursprünglichen Bedeutung) gebraucht werden.**

| | Bildhafter Wortgebrauch |
|---|---|
| a) Sie streichelte dem Pferd den Rücken. | ☐ |
| b) Der Name der Autorin steht auf dem Buchrücken. | ☐ |
| c) Ein ganzer Strom von Fragen prasselte auf sie ein. | ☐ |
| d) Vor ihrem Haus musste ein Baum gefällt werden. | ☐ |
| e) Am Sonntang wollten sie picknicken gehen. | ☐ |
| f) Sie befanden sich auf dem Gipfel ihres Erfolgs. | ☐ |


Treffpunkt Deutsch 2. Testen und Fördern, Arbeitsheft (ISBN 978-3-209-08434-7)

## Satzgefüge

> Sätze können entweder Hauptsätze oder Gliedsätze (bzw. Attributsätze) sein.
>
> **Hauptsätze** erkennt man daran, dass die Personalform (also das veränderbare Verb) an zweiter Satzgliedstelle steht (also vergleichsweise weit vorne im Satz), z. B.: *Er <u>fror</u> ziemlich. Es <u>war</u> heute furchtbar kalt.*
>
> Bei **Gliedsätzen (bzw. Attributsätzen)** steht die Personalform an letzter Satzgliedstelle (also am Ende des Satzes), z. B.: *Er fror ziemlich, weil es heute furchtbar kalt <u>war</u>.* – Glied- bzw. Attributsätze haben außerdem ein Einleitungswort, z. B.: *Er fror ziemlich, <u>weil</u> es heute furchtbar kalt war.*

**1. Im Folgenden sind in den Satzgefügen die Personalformen markiert. Markiere wie im Beispiel die Hauptsätze und das Einleitungswort der Gliedsätze (bzw. Attributsätze).**

Beispiel:

Am Wochenende <u>geht</u> er später ins Bett, weil er am nächsten Tag ausschlafen <u>kann</u>. →

<u>Am Wochenende geht er später ins Bett</u>, <u>weil</u> er am nächsten Tag ausschlafen <u>kann</u>.

a) Wenn es draußen kalt <u>ist</u>, <u>muss</u> man sich warm anziehen.

b) Sie <u>hat</u> eine Katze, die am liebsten kalte Nudeln <u>isst</u>.

c) Obwohl es stark <u>regnete</u>, <u>wollten</u> sie die Veranstaltung nicht ausfallen lassen.

d) Er <u>sah</u> dem Mann, der mit fünf Bällen <u>jonglierte</u>, genau zu.


Treffpunkt Deutsch 2. Testen und Fördern, Arbeitsheft (ISBN 978-3-209-08434-7)

## Satzgefüge und Hauptsatzreihen unterscheiden

**Satzgefüge** nennt man Satzverbindungen, die aus einem Hauptsatz und mindestens einem weiteren Glied- bzw. Attributsatz bestehen. Oft können solche Satzgefüge auch recht groß sein, z. B.: *Sie fuhren, nachdem sie sich von allen, mit denen sie während dieser Zeit zusammen waren, verabschiedet hatten, mit dem Bus zum Bahnhof, von wo aus sie ein Zug zum Flughafen bringen sollte.*

Von **Hauptsatzreihen** spricht man, wenn mindestens zwei Hauptsätze aufeinander folgen. Dabei können die Hauptsätze auch durch Konjunktionen (Bindewörter wie *und, denn, oder*) miteinander verbunden sein, z. B.: *Sie fuhren mit dem Bus zum Bahnhof, denn dort sollte sie ein Zug zum Flughafen bringen. Zuvor hatten sie sich noch von allen verabschiedet.*

### 1. In den folgenden Teilaufgaben findest du jeweils ein Satzgefüge und eine Hauptsatzreihe. Kreuze entsprechend an.

a) Er hatte verschlafen und so kam er wieder einmal zu spät in die Schule.

☐ Satzgefüge

☐ Hauptsatzreihe

Weil er verschlafen hatte, kam er wieder einmal zu spät in die Schule.

☐ Satzgefüge

☐ Hauptsatzreihe

b) Sie hatten gar keinen rechten Hunger und aßen trotzdem verhältnismäßig viel, denn sie wollten einfach höflich sein.

☐ Satzgefüge

☐ Hauptsatzreihe

Obwohl sie gar keinen rechten Hunger hatten, aßen sie trotzdem verhältnismäßig viel, denn sie wollten einfach höflich sein, weil sie eingeladen waren.

☐ Satzgefüge

☐ Hauptsatzreihe


Treffpunkt Deutsch 2. Testen und Fördern, Arbeitsheft (ISBN 978-3-209-08434-7)

c) Endlich waren Sommerferien und die Kinder liefen jubelnd aus der Schule, weil sie sich schon lange riesig darauf gefreut hatten.

☐ Satzgefüge

☐ Hauptsatzreihe

Die Kinder liefen jubelnd aus der Schule, endlich waren Sommerferien und die Kinder freuten sich schon lange riesig darauf.

☐ Satzgefüge

☐ Hauptsatzreihe


Treffpunkt Deutsch 2. Testen und Fördern, Arbeitsheft (ISBN 978-3-209-08434-7)

## Sprachliche Bilder

Manchmal werden Wörter in übertragener Bedeutung gebraucht. Man spricht dann von einem **sprachlichen** Bild. Zum Beispiel haben Menschen einen „Rücken", nicht aber Bücher. Dennoch spricht man von „Buchrücken" und meint dann damit die schmale Seite eines Buches, die man sieht, wenn es in einem Regal steht. Hier wird das Wort „Rücken" also übertragen gebraucht.

**1. Im Folgenden findest du Paare mit Ausdrücken. Das markierte Wort wird einmal wörtlich und einmal übertragen gebraucht. Kreuze entsprechend an.**

a) **Bauch**weh
☐ wörtlich
☐ übertragen

Flaschen**bauch**
☐ wörtlich
☐ übertragen

---

b) **Feuer** der Liebe
☐ wörtlich
☐ übertragen

Kamin**feuer**
☐ wörtlich
☐ übertragen

---

c) **Mauer** des Schweigens
☐ wörtlich
☐ übertragen

**Mauer** neben dem Garten
☐ wörtlich
☐ übertragen

---

d) **Welle** in der Brandung
☐ wörtlich
☐ übertragen

**Welle** des Erfolgs
☐ wörtlich
☐ übertragen

---

e) Warte**schlange**
☐ wörtlich
☐ übertragen

Klapper**schlange**
☐ wörtlich
☐ übertragen

---

f) jemanden in den **Himmel** loben
☐ wörtlich
☐ übertragen

die Wolken am **Himmel** beobachten
☐ wörtlich
☐ übertragen


Treffpunkt Deutsch 2. Testen und Fördern, Arbeitsheft (ISBN 978-3-209-08434-7)

Kompetenztest Rechtschreibung

Name: ______________________________ Klasse: _______ Datum: ____________

**1. Welche der folgenden Wörter bzw. Wortgruppen sind Eigennamen? Markiere diese Wörter.**

Mond – Paris – Kiefer – Harfe – Kuba – Donau – Zebrastreifen

**2. In den folgenden Satzpaaren muss das angegebene Adjektiv (Eigenschaftswort) einmal groß- und einmal kleingeschrieben werden. Ergänze es überall in der richtigen Schreibung.**

(österreichisch) Der _________________ Rundfunk ist eine Stiftung des öffentlichen Rechts. – Touristen fahren gerne an die _________________ Seen.

(nieder) In Geschichte hörten sie auch vom _________________ Adel. – Der größte Berg der _________________ Tauern ist der Hochgolling.

(groß) Der _________________ Bär ist ein Sternbild des Nordhimmels. – Sie machten in der Rechtschreibung _________________ Fortschritte.

(rot, indisch) Das _________________ Meer ist ein Nebenmeer des _________________ Ozeans. – Sie kaufte das _________________ Seidentuch in einem _________________ Geschäft.


Treffpunkt Deutsch 2. Testen und Fördern, Arbeitsheft (ISBN 978-3-209-08434-7)

**3. Entscheide, ob groß- oder kleingeschrieben werden muss. Schreibe richtig auf.**

Joseph der (ZWEITE) __________________ war der älteste Sohn von Maria Theresia.

Der (ZWEITE) __________________ Weltkrieg dauerte von 1939 bis 1945.

Sie stickte sich ein (ROTES) __________________ Kreuz auf ihre Jacke.

In Berlin gibt es ein Rathaus in (ROTER) __________________ Farbe.

Die (NEUE) __________________ Burg ist Teil der Hofburg und ein beliebtes Touristenziel in Wien.

Als (NEUE) __________________ Welt wurde von den Europäern das von Kolumbus entdeckte Amerika bezeichnet.


Treffpunkt Deutsch 2. Testen und Fördern, Arbeitsheft (ISBN 978-3-209-08434-7)

### 4. Zwei der folgenden vier Sätze enthalten eine Nominalisierung.

Kreuze die richtigen Antworten an.

- ☐ Beim Schreiben muss er sich sehr konzentrieren.
- ☐ Sie haben die Suche bald darauf aufgegeben.
- ☐ Das Paar fuhr nach der Hochzeit nach New York.
- ☐ Das war das Beste, was ihr je passiert ist.

### 5. Ergänze in den Sätzen die Wörter in der richtigen Schreibung.

Er bot (ihnen/Ihnen) ____________ nach der gemeinsamen Wanderung durch das Gebirge das (du/Du) ____________ an.

Würden (sie/Sie) ____________ (ihrem/Ihrem) ____________ Hund das (schnuppern/Schnuppern) ____________ an meiner Hose (bitte/Bitte) ____________ verbieten?

Nach (ihrem/Ihrem) ____________ Aussetzer stand (sie/Sie) ____________ in der Klasse im (abseits/Abseits) ____________.

Nach (ihrem/Ihrem) ____________ Sturz stieß (sie/Sie) ____________ ein lautes (aua/Aua) ____________ aus.


Treffpunkt Deutsch 2. Testen und Fördern, Arbeitsheft (ISBN 978-3-209-08434-7)

**6. Schreibe die angegebenen Wörter in der richtigen Getrennt- und Zusammenschreibung auf.**

Sie malten ihr Baumhaus mit einer Farbe (schön/blau) ______________________ an.

Der Unterricht der neuen Lehrerin war (tod/langweilig) ______________________.

Das Mädchen war seit ihrer Geburt (taub/stumm) ______________________.

Er trug einen (langen/buschigen) ______________________ Bart.

Sie hatte für die Schularbeit (wochen/lang) ______________________ gelernt.

Er gab den Ball (blitz/schnell) ______________________ an seine Mitspielerin weiter.

**7. Kreuze an, welche der folgenden Verbindungen mit dem Grundwort Verb zusammengeschrieben werden kann oder muss.**

| | kann oder muss zusammen-geschrieben werden | darf <u>nicht</u> zusammen-geschrieben werden |
|---|---|---|
| (in der Disko) tanzen/gehen | ☐ | ☐ |
| (in der Schule) sitzen/bleiben | ☐ | ☐ |
| kennen/lernen | ☐ | ☐ |
| (an der Wand) hängen/lassen | ☐ | ☐ |
| kalt/duschen | ☐ | ☐ |
| (jemanden) heilig/sprechen | ☐ | ☐ |
| Fahrrad/fahren | ☐ | ☐ |
| eis/laufen | ☐ | ☐ |


Treffpunkt Deutsch 2. Testen und Fördern, Arbeitsheft (ISBN 978-3-209-08434-7)

**8. Bei einem der folgenden Sätze ist die Zeichensetzung bei wörtlicher Rede falsch. Streiche diesen Satz durch.**

„Kommst du mal bitte?“, fragte sie.

„Ich kann nicht,“, sagte er, „weil ich schon verabredet bin.“

„Das gibt es doch in jedem Geschäft!“, sagte er.

**9. Einige der folgenden Wörter sind nicht richtig geschrieben. Kreise diese Wörter ein.**

fertigbringen – wiedersprechen – außerhalb – irgendjemand – interresant

**10. Setze in den folgenden Satzgefügen den oder die fehlenden Beistriche.**

Sie konnte nicht einschlafen weil der Lärm auf der Straße zu laut war.

Er hatte immer noch Hunger obwohl er eigentlich schon recht viel gegessen hatte.

Bevor er sich auf den Weg in die Schule machte kontrollierte er noch einmal seine Schultasche.

Man sollte sich wenn es kalt ist warm anziehen.


Treffpunkt Deutsch 2. Testen und Fördern, Arbeitsheft (ISBN 978-3-209-08434-7)

## Eigennamen

Nicht nur Nomen (Namenwörter) werden großgeschrieben, sondern auch Eigennamen. Eigennamen haben aber nicht nur Menschen, sondern auch Länder, Städte, Regionen und anderes mehr. Entscheidend für einen **Eigennamen** ist, dass jemand oder etwas so heißt, unabhängig davon, was er, sie oder es ist. Z. B. ist Wien eine Stadt, heißt aber „Wien", Petra ist ein Mensch, heißt aber „Petra".

**1. Im Folgenden findest du einige Eigennamen. Schreibe jeweils hinter die Eigennamen, was der Eigenname bezeichnet (also z. B. Mensch, Stadt, …).**

a) London: ______________________ b) Kanada: ________________________

c) Steiermark: ____________________ d) Dachstein: ______________________

e) Inn: __________________________ f) Rotkäppchen: ____________________

**2. In den folgenden Sätzen kommt jeweils ein Eigenname vor. Unterstreiche ihn.**

a) Er wurde in Vöcklabruck geboren.

b) Im Sommer wollten sie eine Kanufahrt auf der Donau unternehmen.

c) Die Schülerin will nach der Schule eine Lehre bei Siemens beginnen.

d) In der Theateraufführung sollte er die Rolle des Mephistopheles übernehmen.


Treffpunkt Deutsch 2. Testen und Fördern, Arbeitsheft (ISBN 978-3-209-08434-7)

In **mehrteiligen Eigennamen** werden auch Adjektive (Eigenschaftswörter), Partizipien (Mittelwörter), Pronomen (Fürwörter) und Zahlwörter großgeschrieben, z. B.: *die Niederen Tauern, Joseph der Zweite, der Heilige Geist* usw.

**3. Im Folgenden findest du einige mehrteilige Eigennamen. Unterstreiche das Wort, das klein geschrieben werden müsste, wenn es sich nicht um einen Teil eines Eigennamens handeln würde.**

a) der Erste Mai

b) der Zweite Weltkrieg

c) die Kleinen Antillen

d) die Jüngere Steinzeit

e) die Vereinigten Staaten vom Amerika

f) die Goldenen Zwanziger

**4. In den folgenden Sätzen kommt jeweils ein mehrteiliger Eigenname vor. Unterstreiche ihn.**

a) Er wurde in der Tschechischen Republik geboren.

b) Diese besondere Spinnenart nennt man Schwarze Witwe.

c) Sie wollten auch die Vereinigten Arabischen Emirate besuchen.

d) Sie hatte ausgerechnet an den Heiligen Drei Königen Geburtstag.


Treffpunkt Deutsch 2. Testen und Fördern, Arbeitsheft (ISBN 978-3-209-08434-7)

## Groß- und Kleinschreibung

Nicht nur Namen und Nomen (Namenwörter) werden immer großgeschrieben, sondern auch Wörter anderer Wortarten, wenn sie **wie ein Nomen gebraucht** werden, z. B. *das Ernten der Beeren, das war nichts Besonderes.*

Diese nominalisierten Wörter werden oft von einem Artikel oder einem unbestimmten Zahlwort (z. B. *alles, etwas, viel, nichts*) begleitet, z. B.: *das Ernten, alles Gute, viel Schönes*.

**1. In den folgenden Satzpaaren muss ein Wort einmal groß- und einmal kleingeschrieben werden. Ergänze die richtige Schreibung.**

a) Das (füttern/Füttern) ________________ der Tiere ist verboten. – Sie wollten die Tiere im Zoo unbedingt (füttern/Füttern) ________________.

b) Der Spieler schoss den Ball ins (aus/Aus) _________. – Die Spieler kamen (aus/Aus) _________ der Kabine.

c) Ich dachte mir, dass (du/Du) ________ das kannst. – Sie bot ihm das (du/Du) ________ an.

d) Sie erlebten im Urlaub etwas (schönes/Schönes) ________________. – Er wünschte ihnen ein (schönes/Schönes) ________________ Fest.


Treffpunkt Deutsch 2. Testen und Fördern, Arbeitsheft (ISBN 978-3-209-08434-7)

> Das **Anredepronomen** (Anredefürwort) ***Sie*** und die entsprechenden Formen (*Ihr, Ihre, Ihnen, …*) werden immer großgeschrieben, z. B.: *Ich danke Ihnen. Könnten Sie mir bitte helfen?*
>
> Werden die gleichlautenden Pronomen dagegen nicht als Anrede gebraucht, werden sie kleingeschrieben, z. B.: *Sie dankten ihnen. Vielleicht könnte sie ihm helfen.*

**1. In den folgenden Satzpaaren muss ein Pronomen einmal groß- und einmal kleingeschrieben werden. Ergänze die richtige Schreibung.**

a) Dürfte ich bitte (ihre/Ihre) __________ Papiere sehen? – Sie hatte im Zug (ihre/Ihre) __________ Tasche vergessen.

b) Sie hat in (ihrem/Ihrem) __________ Geldtascherl einen Glücksbringer. – Auch (ihrem/Ihrem) __________ Gatten die besten Grüße, bitte!

c) Darf ich (sie/Sie) ________ um den nächsten Tanz bitten? – Es wussten alle, dass (sie/Sie) ________ gerne tanzt.

d) Ist (ihnen/Ihnen) _________ denn alles egal? – Nach der Schularbeit war (ihnen/Ihnen) _________ klar, dass sie mehr hätten üben müssen.


Treffpunkt Deutsch 2. Testen und Fördern, Arbeitsheft (ISBN 978-3-209-08434-7)

## Getrennt- und Zusammenschreibung

Zwei Adjektive (Eigenschaftswörter) werden in der Regel auseinandergeschrieben, z. B. (*Die Aufgabe ist ganz*) *schön schwer*. (*Es war*) *schrecklich laut*.

Zusammengeschrieben werden zwei Adjektive jedoch dann, wenn

- der erste Bestandteil die Bedeutung des nachfolgenden Adjektivs verstärkt oder abschwächt, z. B. *minderwertig, brandaktuell*.
- beide Adjektive gleichrangig sind, z. B. *taubstumm, rotbraun*.

Oft verkürzen zusammengesetzte Adjektive eine längere Wortgruppe, z. B. *tagelang* (= *einige/viele Tage lang*).

**1. Aus vielen Bestandteilen, die die Bedeutung verstärken oder abschwächen, lassen sich mehrere Wörter bilden (z. B. brandgefährlich, brandneu, brandaktuell usw.). Finde zu den folgenden Bestandteilen mindestens zwei passende Adjektive. Benutze ein Wörterbuch.**

tod:

______________________________

ultra:

______________________________

ur:

______________________________

**2. Bilde aus den folgenden Ausdrücken ein zusammengesetztes Adjektiv und schreib es auf.**

a) weich wie Butter = ____________________

b) hart wie ein Stein = ____________________

c) reich an Kindern = ____________________

d) süß wie Zucker = ____________________

e) von Angst erfüllt = ____________________

f) vor Freude strahlen = ____________________


Treffpunkt Deutsch 2. Testen und Fördern, Arbeitsheft (ISBN 978-3-209-08434-7)

Verbindungen mit einem Verb werden in der Regel getrennt geschrieben bzw. können getrennt geschrieben werden. Folgende Ausnahmen gibt es:

• **Adjektiv** (Eigenschaftswort) **+ Verb** (Zeitwort) muss **zusammengeschrieben** werden, wenn aus der Verbindung eine neue, übertragene Bedeutung entsteht, z. B.: *krankschreiben* (= jemandem eine Krankheit bescheinigen, aufgrund derer er oder sie nicht arbeiten kann).

• **Nomen** (Namenwort) + **Verb** (Zeitwort) muss **zusammengeschrieben** werden, wenn das Nomen verblasst ist. – Dies betrifft folgende Wörter: *eislaufen, kopfstehen, leidtun, nottun, standhalten, stattfinden, stattgeben, statthaben, teilhaben, teilnehmen* und *wundernehmen,* sowie die folgenden Bestandteile: *fehl-, feil-, heim-, irre-, kind-, preis-, wahr-*, *weis-* und *wett-*. Die Wörter bzw. Bestandteile musst du wie Vokabeln einer Fremdsprache lernen.

**3. In den folgenden Satzpaaren, hat eine Verbindung aus Adjektiv und Verb einmal eine wörtliche und einmal eine übertragene Bedeutung. Schreibe die Verbindung entsprechend in der richtigen Getrennt- bzw. Zusammenschreibung auf.**

a) Er hatte keine Zeit mehr, sich eine Fahrkarte zu kaufen, also musste er schwarz/fahren

______________________. – Nach dem dritten Strafzettel wollte er nie mehr so

schnell/fahren ______________________.

b) Wer stolpert, kann leicht/fallen ______________________. – Wer für die Englisch-

Schularbeit fleißig geübt hat, dem sollte die Arbeit nicht schwer/fallen

______________________.

c) Die Richterin musste den Angeklagten mangels Beweises frei/sprechen

______________________. – Da sie in Begleitung war, konnte sie nicht so frei/sprechen

______________________, wie sie das sonst getan hätte.

d) Obwohl der Wecker klingelte, wollte er noch ein bisschen im Bett liegen/bleiben

______________________. – Aufgrund ihrer Erkrankung musste im Büro nun einiges an

Arbeit liegen/bleiben ______________________.


Treffpunkt Deutsch 2. Testen und Fördern, Arbeitsheft (ISBN 978-3-209-08434-7)

## Zeichensetzung

**Gliedsätze** (bzw. Attributsätze) **werden** vom Hauptsatz oder von weiteren Gliedsätzen (bzw. Attributsätzen) **durch Beistriche abgetrennt**, z. B. *Sie kamen, weil sie den Bus verpasst hatten, zu spät. Sie kamen zu spät, weil sie den Bus verpasst hatten. Weil sie den Bus verpasst hatten, kamen sie zu spät.*

**1. Füge jeweils die Sätze zu einem Satzgefüge zusammen. Markiere das Einleitewort des Gliedsatzes und setze den Beistrich entsprechend.**

a) Obwohl er müde war – ging er noch nicht ins Bett.

______________________________

b) Sie wurde wach – als der Wecker klingelte.

______________________________

**2. In den folgenden Satzgefügen ist der Gliedsatz markiert. Füge den Gliedsatz wie im Beispiel in den Hauptsatz ein und setze die Beistriche entsprechend.**

Beispiel: *Sie kamen zu spät, <u>weil sie den Bus verpasst hatten</u>. → Sie kamen, <u>weil sie den Bus verpasst hatten</u>, zu spät.*

a) Es fiel ihnen nichts Gescheites ein, <u>obwohl sie angestrengt nachgedacht hatten</u>.

______________________________

______________________________

b) <u>Nachdem er alles eingekauft hatte</u>, konnte er endlich nach Hause gehen.

______________________________

______________________________


Treffpunkt Deutsch 2. Testen und Fördern, Arbeitsheft (ISBN 978-3-209-08434-7)

Kompetenztest Schreiben

Name: ______________________ Klasse: ________ Datum: ______________

**1. Wähle die Worte so aus, dass die Sätze sinnvoll und inhaltlich richtig sind.**

Figuren – Erzählhöhepunkt – Zeit – Erzählweise – Anfang – Schluss – Einleitung – Vorgeschichte – Erzählanfang – Erzählschritte

Die ______________________ einer Geschichte sollte die wichtigsten Angaben zum Ort, der ______________________ und den Figuren der Handlung enthalten.

Im Hauptteil wird die Geschichte Schritt für Schritt entfaltet; alle ______________________ müssen auf den ______________________ am Ende des Hauptteils ausgerichtet sein.

Der ______________________ einer Geschichte sollte so gestaltet sein, dass dann keine wichtigen Fragen mehr offen sind.


Treffpunkt Deutsch 2. Testen und Fördern, Arbeitsheft (ISBN 978-3-209-08434-7)

**2. Ordne die folgenden Merkmale spannenden Erzählens den Beispielen richtig zu.**

Zeitangaben – sprachliche Bilder und Vergleiche – Fragen an sich selbst –
Wahrnehmungen und Gefühle – unbestimmte Wörter

Er lauerte angespannt wie ein Tiger auf der Jagd. – Merkmal: ______________________

Er hörte von irgendwoher ein undeutliches Geräusch. – Merkmal: ____________________

Plötzlich knallte es. – Merkmal: ___________________

Aber konnte das sein? – Merkmal: ___________________

Starr vor Angst sah er das riesige Tier auf ihn zuspringen. – Merkmal: _______________

**3. Gib die folgenden Sätze wie im Beispiel aus der Ich-Sicht wieder.**

Beispiel: *Peter trat langsam in den Raum.* ▶ *Ich trat langsam in den Raum.*

Vorsichtig schaute er sich um. ▶ Vorsichtig schaute _____ _____ um.

Plötzlich hörte er direkt hinter seinem Rücken ein leichtes Rascheln. ▶ Plötzlich hörte _____ direkt hinter _____ Rücken ein leichtes Rascheln.

Peter drehte sich um und spürte zugleich, wie sich ein stechender Schmerz von seinem Hals über seinen ganzen Körper ausbreitete. ▶ _____ drehte _____ um und spürte zugleich, wie sich ein stechender Schmerz von _____ Hals über _____ ganzen Körper ausbreitete.


Treffpunkt Deutsch 2. Testen und Fördern, Arbeitsheft (ISBN 978-3-209-08434-7)

**4. Kreuze an, welche Aussagen über das Nacherzählen einer Geschichte richtig sind.**

- ☐ Eine Nacherzählung soll so spannend und anschaulich sein wie die Vorlage.
- ☐ Eine Nacherzählung ist kürzer als die Vorlage, doch darf nichts Wichtiges ausgelassen werden.
- ☐ Am Ende einer Nacherzählung sollte man die Geschichte auch noch kurz deuten.
- ☐ Man erzählt bei Nacherzählungen immer mit eigenen Worten, in keinem Fall darf etwas von der Vorlage übernommen werden.
- ☐ Nacherzählungen werden im selben Tempus (Zeitform) geschrieben, das auch in der Vorlage benutzt wird (meist das Präteritum/Mitvergangenheit).

**5. Welche der beiden Beschreibungen ist besser gelungen? Kreuze die bessere Beschreibung an.**

☐ **Beschreibung A**

Das Bild zeigt Kopf und Oberkörper eines etwa zehn Jahre alten Mädchens. Das Mädchen hat dunkelblonde gescheitelte Haare, die ihr bis zur Schulter reichen. Ihr Gesicht ist…

☐ **Beschreibung B**

Das Mädchen auf dem Bild lächelt freundlich. Es ist etwa zehn Jahre alt. Das Mädchen trägt einen blauen Pulli und hat dunkelblonde Haare, die gar nicht zum Pulli passen. Die Haare sind lang und ihr Gesicht ist…

**6. Wie kann ein Gesicht sein? Streiche die Ausdrücke, mit denen man ein Gesicht (die Kopfform) normalerweise nicht beschreiben kann, durch.**

oval – fett – länglich – rundlich – füllig – gerade


Treffpunkt Deutsch 2. Testen und Fördern, Arbeitsheft (ISBN 978-3-209-08434-7)

**7. Ersetze die Lücke durch das passendste der folgenden Wörter.**

Dann – Anschließend – Abschließend – Drittens

Zur Zubereitung eines Marmorkuchens wird Butter mit Staub- und Vanillezucker schaumig gerührt. Dann wird nach und nach Eigelb untergerührt. Dann wird Eiweiß mit dem Kristallzucker zu einem steifen Schnee geschlagen. _________ wird der steife Schnee unter die zuvor schaumig gerührte Masse aus Butter und …

**8. Kreuze an, ob die folgenden Merkmale eher dem mündlichen oder eher dem schriftlichen Erzählen zuzurechnen sind.**

| | mündliches Erzählen | schriftliches Erzählen |
|---|---|---|
| Präteritum als vorherrschende Zeitform | ☐ | ☐ |
| mit umgangssprachlichen Ausdrücken und Wendungen | ☐ | ☐ |
| direkte Anrede an das Publikum | ☐ | ☐ |
| kurze und zum Teil unvollständige Sätze | ☐ | ☐ |

**9. Kreuze an, um welche Art der Einleitung es sich bei dem folgenden Text handelt.**

Wenn wir gewusst hätten, welche bösen Überraschungen wir in diesem Urlaub erleben würden, wären wir nicht alle bei der Abfahrt so fröhlich gewesen. Gepackt hatten wir schon am Freitagabend. Am Samstagmorgen dann …

☐ informierende Einleitung

☐ Einleitung mit direkter Rede

☐ Einleitung mitten in die Handlung

☐ vorausdeutende Einleitung

☐ Einleitung vom Ende her


Treffpunkt Deutsch 2. Testen und Fördern, Arbeitsheft (ISBN 978-3-209-08434-7)

**10. Kreuze an, welche Aussagen über das Schreiben von Erlebniserzählungen richtig sind.**

- ☐ Der Erzählanfang sollte nicht nur über Wichtiges informieren, sondern auch neugierig machen.
- ☐ Die Erzählschrittfolge sollte sich auf eine Haupthandlung konzentrieren.
- ☐ Man sollte sich auf die äußerlich wahrnehmbaren Fakten beschränken und nicht über Gefühle oder Gedanken schreiben.
- ☐ In der Erlebniserzählung sollte man auch wörtliche Reden verwenden, da diese die Personen und das Geschehen lebendiger machen.
- ☐ Im Schlussteil der Erlebniserzählung sollte man die wichtigsten Ereignisse noch einmal kurz zusammenfassen, damit die Zuhörerinnen und Zuhörer sie sich besser merken können.
- ☐ Beim Satzbau sollte man darauf achten, dass er abwechslungsreich ist; bei der Wortwahl kommt es vor allem darauf an, dass man treffende Ausdrücke findet und Wortwiederholungen vermeidet.

**11. Wie heißt die in offiziellen Briefen übliche Anrede? Kreuze an.**

- ☐ Hallo!
- ☐ Sehr geehrte Damen und Herren
- ☐ Guten Tag
- ☐ Liebe Frau X/Lieber Herr X

**12. Wie heißt die in offiziellen Briefen übliche Grußformel am Ende eines Briefes? Kreuze an.**

- ☐ Hochachtungsvoll
- ☐ Liebe Grüße
- ☐ Herzlichst
- ☐ Mit freundlichen Grüßen


Treffpunkt Deutsch 2. Testen und Fördern, Arbeitsheft (ISBN 978-3-209-08434-7)

**13. Ordne die Angaben in derselben Reihenfolge an, wie sie auch in einem Brief erscheinen müssen. Ziehe dazu Linien.**

| | |
|---|---|
| ① | Absender (z. B. deine Adresse) |
| ② | Betreff |
| ③ | Anrede |
| ④ | Adressat (die Adresse des Briefempfängers) |
| ⑤ | Grußformel |
| ⑥ | Unterschrift |

**14. Deine Klasse hat überlegt, wie man den Pausenhof attraktiver gestalten könnte, und möchte die Direktorin eurer Schule um einen Gesprächstermin bitten, um ihr die Vorschläge zu erklären. Bringe die folgenden Teile dieses Briefes in die richtige Reihenfolge. Ziehe dazu Linien.**

| | |
|---|---|
| ① | Es ist deshalb sicher auch in Ihrem Interesse, wenn der Pausenhof schöner gestaltet wird. |
| ② | Auf diesem Weg möchten wir Sie deshalb um einen Termin bitten. |
| ③ | Das liegt unserer Ansicht auch daran, dass der Pausenhof wenig attraktiv gestaltet ist und zum „Abladen“ von Mist einlädt. |
| ④ | Wie Sie sicher wissen, ist die Sauberkeit auf unserem Pausenhof ein großes Problem. |
| ⑤ | Gerne würden wir, die Klassensprecher der 2b, Ihnen unsere Ideen und Vorschläge erklären. |
| ⑥ | Unsere Klasse hat Ideen gesammelt, wie man den Pausenhof so gestalten kann, dass man sich dort wohlfühlt. |


Treffpunkt Deutsch 2. Testen und Fördern, Arbeitsheft (ISBN 978-3-209-08434-7)

## Kompetenztest Hörverstehen

Name: ______________________ Klasse: ________ Datum: ______________

### 1. Witz

Welche Aussagen kommen sinngemäß im Hörtext vor?

Kreuze die richtigen Antworten an.

- ☐ Ein Indianerstamm will von seinem Medizinmann das Wetter des kommenden Winters wissen.
- ☐ Der Medizinmann hat keine Ahnung, wie der Winter werden wird.
- ☐ Am nächsten Tag bekommt der Medizinmann einen Anruf vom Wetterdienst.
- ☐ Der Medizinmann verkleidet sich als Indianer und fährt in die nächste Großstadt zum Wetterdienst.
- ☐ Vom Wetterdienst erhält der Medizinmann die Auskunft, dass es einen langen, eisig kalten Winter geben wird.

### 2. Radiobericht

a) Welche Aussagen kommen sinngemäß im Hörtext vor?

Kreuze die richtigen Antworten an.

- ☐ Der Freizeitpark Fantasia im Burgenland meldet erneut einen neuen Besucherrekord.
- ☐ Gestiegen ist vor allem die Zahl der Gäste, die in den freizeitparkeigenen Hotels übernachteten.
- ☐ Der Freizeitpark Fantasia besteht bereits seit 110 Jahren.
- ☐ Der Freizeitpark Fantasia zählt zu den größten Freizeitparks in Europa.
- ☐ Der Freizeitpark Fantasia ist der einzige Freizeitpark in Österreich.




Treffpunkt Deutsch 2. Testen und Fördern, Arbeitsheft (ISBN 978-3-209-08434-7)

b) Mit welchen Attraktionen lockt der Freizeitpark die Besucher an?

Kreuze die richtigen Antworten an.

- ☐ Achterbahn mit Dreifach-Looping
- ☐ längste Wildwasser-Bahn Europas
- ☐ Raubtier-Show mit Tigern und Panthern
- ☐ großer Märchenpark
- ☐ eine Meerestier-Show mit Walen und Delfinen




Treffpunkt Deutsch 2. Testen und Fördern, Arbeitsheft (ISBN 978-3-209-08434-7)

**Kompetenztest Leseverstehen**

Name: ______________________________ Klasse: ______ Datum: ____________

**1. Kreuze an, welche Aussagen über den Umgang mit Sachtexten richtig sind.**

☐ Wichtige Wörter bzw. Begriffe in einem Text nennt man Schlüsselwörter.

☐ Bevor man einen Text liest, sollte man sich erst gründlich über den Autor bzw. die Autorin des Textes informieren.

☐ Um einen Überblick über den Textinhalt zu bekommen, kann man den Text zunächst überfliegen (d. h. überfliegend lesen).

☐ Zur genauen Texterschließung kann man abschnittsweise Überschriften formulieren.

☐ Einen Sachtext hat man erst dann verstanden, wenn man ihn schriftlich zusammengefasst hat.

**2. Auf welche der folgenden Fragen sollte ein Bericht unbedingt antworten. Kreuze die Fragen an.**

| | | | |
|---|---|---|---|
| ☐ Wann? | ☐ Woher? | ☐ Wer? | ☐ Was? |
| ☐ Womit? | ☐ Wo? | ☐ Wobei? | ☐ Wie oft? |


Treffpunkt Deutsch 2. Testen und Fördern, Arbeitsheft (ISBN 978-3-209-08434-7)

**3. Bringe die folgenden Teile einer Kurzmeldung aus der Zeitung in die richtige Reihenfolge. Ordne mit Pfeilen zu.**

| | |
|---|---|
| ① | Der 63-jährige Fahrer des PKW hat nach eigenen Angaben die Ampel übersehen und bog in die Rudolfstraße nach links ein. |
| ② | Aufgrund der Abschlepparbeiten entstand in der Hauptstraße ein Rückstau bis zur Nibelungenbrücke. |
| ③ | Allerdings konnte der 63-Jährige die Fahrt nicht fortsetzen, sodass sein PKW abgeschleppt werden musste. |
| ④ | Am gestrigen Nachmittag kam es in Linz-Urfahr zu einem Zusammenstoß eines PKW mit der Straßenbahn der Linie 3. |
| ⑤ | Dort stieß er mit dem rechten Kotflügel seines Wagens an den letzten Wagen der Straßenbahn. |
| ⑥ | Der Fahrer des PKW blieb unverletzt, auch Straßenbahnbenutzer kamen nicht zu Schaden. |

**4. Kreuze an, welche Aussagen über das Schreiben eines Berichtes richtig sind.**

☐ In einem Bericht sollten – wenn möglich – alle W-Fragen zu einem Ereignis beantwortet werden.

☐ In der Überschrift zu einem Bericht sollte die Beantwortung der Was-Frage zumindest angedeutet werden.

☐ Alle wichtigen Informationen sollten am Berichtende stehen, um so die Spannung für die Leserinnen und Leser aufrecht zu halten.

☐ Berichte sollten sachlich geschrieben sein und keine Wertungen oder Kommentare enthalten.

☐ Zeitform eines Berichts ist stets das Präteritum (Mitvergangenheit).


Treffpunkt Deutsch 2. Testen und Fördern, Arbeitsheft (ISBN 978-3-209-08434-7)

**5. Kreuze an, welche Aussagen über das Auswerten und Beschreiben von Diagrammen richtig sind.**

- ☐ Wenn man ein Diagramm beschreibt, sollte man immer alle Werte bzw. Angaben nennen.
- ☐ Im Einleitungssatz zur Beschreibung eines Diagramms sollte man auf die Diagrammart und das Thema des Diagramms eingehen.
- ☐ In der Beschreibung eines Diagramms sollte man gegebenenfalls auch auf Fehler bzw. Mängel des Diagramms eingehen.
- ☐ In der Beschreibung eines Diagramms sollte man auch angeben, wie das Diagramm aufgebaut ist und welche Werte (z. B. Prozent, Zahlenwerte) angegeben sind.
- ☐ Im Schlusssatz zur Beschreibung eines Diagramms sollte man kurz beschreiben, ob man vom Inhalt der Darstellung bzw. von einzelnen Werten überrascht gewesen ist.

**6. Kreuze an, welche Aussagen über den Aufbau von Werbeanzeigen richtig sind.**

- ☐ Im Zentrum einer Werbeanzeige steht meist ein zentrales (Produkt-)Bild.
- ☐ Das zentrale (Produkt-)Bild soll die Betrachterinnen und Betrachter vor allem neugierig auf den Werbetext machen.
- ☐ Der Werbetext ist stets sachlich geschrieben und nennt die Vor- und Nachteile eines bestimmten Produkts.
- ☐ „Headline" nennt man die Überschrift bzw. Schlagzeile einer Werbeanzeige; die Headline soll die Aufmerksamkeit der Betrachterinnen und Betrachter wecken.
- ☐ „Slogan" nennt man einen kurzen Satz, der eng mit einem Produkt oder Unternehmen verbunden ist und der oft über Jahre gleich bleibt.


Treffpunkt Deutsch 2. Testen und Fördern, Arbeitsheft (ISBN 978-3-209-08434-7)

**7. Kreuze an, welche Aussagen über die verschiedenen Textsorten richtig sind.**

- ☐ Eulenspiegelgeschichten haben immer einen vergleichbaren Aufbau: Fast immer trifft Eulenspiegel auf Menschen, die er durch seinen Witz entlarvt.
- ☐ Häufig entsteht in Eulenspiegelgeschichten die Pointe (der Witz) dadurch, dass Eulenspiegel eine Redensart wörtlich nimmt.
- ☐ Lügengeschichten nennt man erlogene Geschichten, die immer als Er-Erzählung abgefasst sind.
- ☐ Schildbürgergeschichte nennt man Geschichten, die in einem Dorf spielen, in dem an allen Häusern große Schilder mit einem roten Punkt in der Mitte hängen.
- ☐ Fabeln haben immer einen vergleichbaren Aufbau, der Schilderung der Ausgangssituation folgt der Konflikt, dann die Lösung dieses Konflikts.
- ☐ Alle Erzählungen, in denen Tiere vorkommen, die sprechen und wie Menschen denken können, nennt man Fabeln.

**8. Kreuze an, um welche Textsorte es sich bei dem folgenden Text handelt.**

Ein Rabe trug ein Stück vergiftetes Fleisch, das der erzürnte Gärtner für die Katzen seines Nachbarn hingeworfen hatte, in seinen Klauen fort.
Und eben wollte er es auf einer alten Eiche verzehren, als sich ein Fuchs herbeischlich und ihm zurief: Sei mir gesegnet, Vogel des Jupiter!
– Für wen siehst du mich an?, fragte der Rabe.
– Für wen ich dich ansehe?, erwiderte der Fuchs. Bist du nicht der rüstige Adler, der täglich von der Rechten des Zeus auf diese Eiche herab kommt, mich Armen zu speisen? Warum verstellst du dich? Sehe ich denn nicht in der siegreichen Klaue die erflehte Gabe, die mir dein Gott durch dich zu schicken noch fortfährt?
Der Rabe erstaunte und freute sich innig, für einen Adler gehalten zu werden. Ich muss, dachte er, den Fuchs aus diesem Irrtume nicht bringen. – Großmütig dumm ließ er ihm also seinen Raub herabfallen und flog stolz davon.
Der Fuchs fing das Fleisch lachend auf und fraß es mit boshafter Freude. Doch bald verkehrte sich die Freude in ein schmerzhaftes Gefühl; das Gift fing an zu wirken, und er verreckte.
Möchtet ihr euch nie etwas anders als Gift erloben, verdammte Schmeichler!

[Gotthold Ephraim Lessing: Der Rabe und der Fuchs. In: Gotthold Ephraim Lessing: Werke und Briefe in zwölf Bänden. Hrsg. von Wilfried Barner u.a. Band 4: Werke 1758–1759. Frankfurt/Main: Deutscher Klassiker Verlag, 1997, S. 321 f.]

| | | |
|---|---|---|
| ☐ Lügengeschichte | ☐ Schwank | ☐ Fabel |
| ☐ Märchen | ☐ Fantasieerzählung | |


Treffpunkt Deutsch 2. Testen und Fördern, Arbeitsheft (ISBN 978-3-209-08434-7)

**9. Füge die folgenden Wörter so in die Sätze ein, dass die Sätze sinnvoll und inhaltlich richtig sind.**

Epik – Lyrik – Dramatik

Szenische Texte wie Theaterstücke oder Drehbücher gehören zur Gattung ____________.

Erzählende Texte wie Romane oder Märchen gehören zur Gattung __________________.

Gedichte gehören zur Gattung ________________________.


Treffpunkt Deutsch 2. Testen und Fördern, Arbeitsheft (ISBN 978-3-209-08434-7)

Testen und Fördern

**Treffpunkt Deutsch**

Kompetenztest Grammatik 1

Name: ______________________ Klasse: _______ Datum: ____________

**1. Weise das Wort, das zur selben Wortart gehört, mittels Pfeilen richtig zu.**

- lächerlich → gut
- beinahe → sehr
- aus → neben
- geben → lächeln
- weil → damit

**2. Streiche jene Wörter durch, welche aufgrund der Wortart nicht in die waagrechte Reihe gehören.**

| | | | |
|---|---|---|---|
| gehen | ~~Haus~~ | weinen | trinken |
| Sessel | Hass | ~~schön~~ | Ankunft |
| ~~ihm~~ | schlimm | dumm | lahm |
| sauber | ordentlich | fleißig | ~~besonders~~ |
| ~~er~~ | im | für | mit |
| denn | dass | ~~dann~~ | damit |

◄4

Testen und Fördern

**Treffpunkt Deutsch**

**3. Um welche Art von Pronomen handelt es sich bei den <u>markierten Wörtern</u>? Ordne mittels Pfeilen richtig zu.**

- **<u>Jemand</u>** wartete da draußen auf ihn. → Indefinitpronomen (unbestimmtes Fürwort)
- War das wieder **<u>der</u>** Mann, der ihn verfolgte? → Relativpronomen (bezügliches Fürwort)
- War das wieder der Mann, der **<u>ihn</u>** verfolgte? → Personalpronomen (persönliches Fürwort)
- Oder **<u>wer</u>** konnte es sonst sein? → Interrogativpronomen (fragendes Fürwort)

**4. Ergänze die Tabelle, indem du die Wörter in die richtige Spalte schreibst.
Tipp: Streiche das Wort durch, wenn du es in die Tabelle eingetragen hast!**

hier – immer – sofort – hoch – also – auch – deshalb – folglich – trotzdem

abwärts – gern – rechts – außerdem – jetzt – manchmal – anders – dennoch

da – so – später

| Lokaladverbien | Temporaladverbien | Modaladverbien | Kausaladverbien |
|---|---|---|---|
| hier | immer | auch | also |
| hoch | sofort | gern | deshalb |
| abwärts | jetzt | außerdem | folglich |
| rechts | manchmal | anders | trotzdem |
| da | später | so | dennoch |

◄5




Treffpunkt Deutsch 2. Testen und Fördern, Arbeitsheft (ISBN 978-3-209-08434-7)

5. Markiere die richtigen Wörter (unterstreichen oder einkreisen) passend zu den Verbstämmen.

| | -bar | -haft | -ig | -lich | -sam |
|---|---|---|---|---|---|
| herz- | herzbar | **herzhaft** | **herzig** | **herzlich** | herzsam |
| sonder- | **sonderbar** | sonderhaft | sonderig | **sonderlich** | sondersam |
| heil- | **heilbar** | heilhaft | **heilig** | heillich | **heilsam** |
| folg- | folgbar | folghaft | folgig | **folglich** | **folgsam** |

6. Markiere die richtigen Wörter (unterstreichen oder einkreisen) passend zu den Verbstämmen.

| | ab- | um- | ver- | vor- | wider- |
|---|---|---|---|---|---|
| -bleiben | abbleiben | umbleiben | **verbleiben** | vorbleiben | widerbleiben |
| -fahren | **abfahren** | **umfahren** | **verfahren** | **vorfahren** | **widerfahren** |
| -gehen | **abgehen** | **umgehen** | **vergehen** | **vorgehen** | widergehen |
| -stehen | **abstehen** | umstehen | **verstehen** | **vorstehen** | **widerstehen** |





## Wortarten kennen – Lösungen

In der 1. Klasse hast du schon folgende sechs Wortarten kennen gelernt:
- **Nomen** (Namenwort), z. B.: *Sessel, Lampe, Arbeit, Traum, Neid*
- **Verb** (Zeitwort), z. B.: *beneiden, träumen, arbeiten, haben, mögen*
- **Adjektiv** (Eigenschaftswort), z. B.: *neidisch, traumhaft, arbeitsscheu, möglich, schön*
- **Präposition** (Vorwort), z. B.: *nach, in, aus, wegen, mit*
- **Pronomen** (Fürwort), z. B.: *mein, dein, er, sie, es*
- **Artikel** (Begleiter/Geschlechtswort), z. B.: *ein, eine, der, die, das*

**1. Hier findest du jeweils ein weiteres Beispiel für die verschiedenen Wortarten. Wenn du die Wörter richtig in der Tabelle anordnest, ergeben die Silben in den Klammern einen kleinen Lösungssatz. Wie heißt der Satz?**

süss (folg) – sein (Su) – legen (Er) – dem (chen) – Raum (Viel) – für (beim) – legen (Er)

| Nomen | Verb | Adjektiv | Präposition | Pronomen | Artikel |
|---|---|---|---|---|---|
| Raum | legen | süss | für | sein | dem |

Lösungssatz:

Viel Erfolg beim Suchen

**2. Kreuze an, zu welcher Wortart das Wort jeweils gehört.**

a) loben ☐ Adjektiv ☑ Verb ☐ Präposition ☐ Pronomen

b) tüchtig ☑ Adjektiv ☐ Verb ☐ Präposition ☐ Pronomen

c) dank ☐ Adjektiv ☐ Verb ☑ Präposition ☐ Pronomen

d) ihm ☐ Adjektiv ☐ Verb ☐ Präposition ☑ Pronomen

e) wir ☐ Adjektiv ☐ Verb ☐ Präposition ☑ Pronomen

f) vor ☐ Adjektiv ☐ Verb ☑ Präposition ☐ Pronomen




Treffpunkt Deutsch 2. Testen und Fördern, Arbeitsheft (ISBN 978-3-209-08434-7)

## Pronomen - Lösungen

Bei den Pronomen (Fürwörtern) hast du bereits die **Personalpronomen** (persönliche Fürwörter, z. B. *Er kommt. Wir kommen.*) und die **Possessivpronomen** (besitzanzeigende Fürwörter, z. B.: *Sein Kommen freut uns. Sie leiht Paul ihr Fahrrad.*) kennen gelernt. Folgende weitere Pronomenarten gibt es:

- **Demonstrativpronomen** (hinweisendes Fürwort), z. B.: *Dieses Fahrrad gehört Johanna, jenes dort Marietta.*
- **Fragepronomen** (Fragefürwort), z. B.: *Wem gehören die Fahrräder? Wer kommt?*
- **Reflexivpronomen** (rückbezügliches Fürwort), z. B.: *Er leiht sich ein Fahrrad. Wir freuen uns.*
- **Indefinitpronomen** (unbestimmtes Fürwort), z. B.: *Jemand kommt. Man freut sich.*
- **Relativpronomen** (bezügliches Fürwort), z. B.: *Das Fahrrad, das Johanna gehört.*

**1. Füge die folgenden Pronomen in den jeweils passenden Satz ein.**

Niemand – diesen – mich – Wer – die

a) Sie konnte diesen Song nicht mehr hören. (Demonstrativpronomen)

b) Wer hatte da wohl auf seine Mailbox gesprochen? (Fragepronomen)

c) Eine Nachricht, die sie sehr freute. (Relativpronomen)

d) Niemand kann aus seiner Haut. (Indefinitpronomen)

e) Ich traue mich das noch nicht. (Reflexivpronomen)

**2. Bestimme die Pronomenart der in den Sätzen markierten Pronomen.**

a) Was glaubst du denn? Art des Pronomens: Fragepronomen

b) Ein Fach, das er sehr mochte. Art des Pronomens: Relativpronomen

c) Dies mochte sie am meisten. Art des Pronomens: Demonstrativpronomen

d) Ihm ist etwas Lustiges eingefallen. Art des Pronomens: Indefinitpronomen

e) Er schämte sich deswegen. Art des Pronomens: Reflexivpronomen

◄8



## Adverbien kennen - Lösungen

**Adverbien** (Umstandswörter) geben die näheren oder genaueren Umstände einer Handlung oder einer Sache an. Adverbien sind unveränderlich, können also nicht gebeugt oder gesteigert werden. Nach ihrer Bedeutung lassen sich vier Gruppen von Adverbien unterscheiden:

- **Lokaladverbien** (Umstandswörter des Ortes), z. B.: *hier, dorthin, nirgendwo*
- **Temporaladverbien** (Umstandswörter der Zeit), z. B.: *heute, stets, immer*
- **Modaladverbien** (Umstandswörter der Art und Weise), z. B.: *sehr, irgendwie, außerdem*
- **Kausaladverbien** (Umstandswörter des Grundes), z. B.: *folglich, trotzdem, deswegen*

**1. Füge die folgenden Adverbien in den jeweils passenden Satz ein.**

dort – genauso – also – morgens

a) Sie steht morgens meist sehr früh auf. (Temporaladverb)

b) Er hat sein Handy dort vergessen. (Lokaladverb)

c) Dann haben sie also ihre Hausübungen wieder nicht gemacht. (Kausaladverb)

d) Sie wollten das genauso machen. (Modaladverb)

**2. Bestimme die Art des Adverbs der in den Sätzen markierten Adverbien.**

a) Ich habe mich schon häufig verirrt. – Art des Adverbs: Temporaladverb

b) Sie hat mich deshalb extra noch gefragt. – Art des Adverbs: Kausaladverb

c) Er war damit halbwegs zufrieden. – Art des Adverbs: Modaladverb

d) Sie warteten draußen. – Art des Adverbs: Lokaladverb

◄9


Treffpunkt Deutsch 2. Testen und Fördern, Arbeitsheft (ISBN 978-3-209-08434-7)

Testen und Fördern

**Treffpunkt Deutsch**

## Wortbildung - Lösungen

Mit Hilfe von Vorsilben (Präfixen) und Nachsilben (Suffixen) kann man von einem Wortstamm Wörter bilden, z. B. **Wortstamm** *-sicht-*:
- **Präfixe** *Vor-sicht, An-sicht, Nach-sicht*
- **Suffixe** *sicht-bar, sicht-lich*
- **Präfix und Suffixe** *un-sicht-bar, nach-sicht-ig, Un-vor-sicht-ig-keit*

**1. Schreibe die folgenden Wörter ab und füge zwischen den Vor-und Nachsilben und dem Stamm einen Bindestrich ein (z. B. *Un-sicht-bar-keit*).**

a) absichtlich ab-sicht-lich

b) unbestreitbar un-be-streit-bar

c) einfühlsam ein-fühl-sam

d) Unzuverlässigkeit Un-zu-ver-läss-ig-keit

**2. Füge die folgenden Wortbauteile zu einem Wort zusammen.**
**Beispiel: *en ver pack → verpacken***

a) lieb ver en verlieben

b) stell Vor ung Vorstellung

c) vor bar stell un unvorstellbar

d) los keit ig Lieb Lieblosigkeit

e) lich Un keit mensch Unmenschlichkeit

f) her bar vor seh un unvorhersehbar



Testen und Fördern

**Treffpunkt Deutsch**

**Kompetenztest Grammatik 2**

Name: ______________________ Klasse: ______ Datum: __________

**1. Bilde wie im Beispiel („er sagte – (fragen): er fragte") zum angegebenen Verb dieselbe Verbform, in der auch das vorhergehende Verb steht.**

a) er steht – (liegen): er liegt

b) du gibst – (halten): du hältst

c) er rannte – (gehen): er ging

d) wir haben gesehen – (kommen): wir sind gekommen

e) du wirst sprechen – (diskutieren): du wirst diskutieren

f) du kannst – (mögen): du magst

g) ihr hattet gelesen – (fliegen): ihr wart geflogen

**2. Ergänze in den Sätzen jeweils das angegebene Verb in der richtigen Verbform.**

a) Er kam früh, verließ die Party aber erst spät.

b) Nach der Schule wird sie wohl eine Lehre machen.

c) Er (kommen) kommt zu spät zur Schule, weil er seinen Schulbus verpasst hat.

d) Nachdem sie sich die Zähne geputzt hatte, legte sie sich sofort schlafen.




Treffpunkt Deutsch 2. Testen und Fördern, Arbeitsheft (ISBN 978-3-209-08434-7)

**Treffpunkt Deutsch**

**3. Kreuze an, ob es sich bei den markierten Verbformen um Aktiv- oder Passivformen handelt.**

a) Es wird wohl bald schneien. ☑ Aktivform ☐ Passivform

b) Das Flugblatt wird gelesen. ☐ Aktivform ☑ Passivform

c) Sie werden beobachtet. ☐ Aktivform ☑ Passivform

d) Sie werden bald wieder kommen. ☑ Aktivform ☐ Passivform

e) Er wird gewählt. ☐ Aktivform ☑ Passivform

f) Elke wird heiraten. ☑ Aktivform ☐ Passivform

g) Hannes ging zur Arbeit. ☑ Aktivform ☐ Passivform

h) Ich bin von ihr gerufen worden. ☐ Aktivform ☑ Passivform

**4. Kreuze an, ob es sich um eine geschlossene, halb-offene oder um eine offene Frage handelt.**

| | geschlossen | halb-offen | offen |
|---|---|---|---|
| a) Wann kommst du morgen zu mir? | ☐ | ☑ | ☐ |
| b) Hast du Ron zur Party eingeladen? | ☑ | ☐ | ☐ |
| c) Wie findest du Kevins neues Fahrrad? | ☐ | ☐ | ☑ |
| d) Woher kommst du? | ☐ | ☐ | ☑ |
| e) Hat Maria heute frei? | ☑ | ☐ | ☐ |
| f) Wie schnell fährt das Auto? | ☐ | ☑ | ☐ |
| g) Geht es deiner Oma gut? | ☑ | ☐ | ☐ |
| h) Willst du mich morgen besuchen? | ☑ | ☐ | ☐ |
| i) Wer ist dein Lieblingsschauspieler? | ☐ | ☐ | ☑ |
| j) Wie groß ist deine Schwester? | ☐ | ☑ | ☐ |
| k) Wie alt bist du? | ☐ | ☑ | ☐ |
| l) Warum bist du so spät dran? | ☐ | ☐ | ☑ |

◀12



**Treffpunkt Deutsch**

**5. Kreuze an, um welche Art von adverbialer Bestimmung (Umstandsangabe) es sich bei dem markierten Satzglied handelt.**

a) Sie wartete vor der Schule auf ihre Schwester.

☐ Zeitergänzung ☑ Ortsergänzung ☐ Artergänzung ☐ Begründungsergänzung

b) Sie gab Michael das Heft vor dem Unterricht zurück.

☑ Zeitergänzung ☐ Ortsergänzung ☐ Artergänzung ☐ Begründungsergänzung

c) Er folgte dem Unterricht mit großem Interesse.

☐ Zeitergänzung ☐ Ortsergänzung ☑ Artergänzung ☐ Begründungsergänzung

d) Aus Langeweile malte er kleine Männchen in sein Heft.

☐ Zeitergänzung ☐ Ortsergänzung ☐ Artergänzung ☑ Begründungsergänzung

**6. Markiere (unterstreichen oder einkreisen) in den folgenden Sätzen jeweils das Attribut (Beifügung).**

a) Sie haben ein schönes Haus.

b) Sie betraten das neu gestaltete Zimmer.

c) Ihr Freund aus Deutschland schrieb ihr.

d) Er war der Vater ihrer Freundin.

e) Das war ein Film, den sie kannte.

f) Er hatte ein Handy ohne Touchscreen.

◀13


Treffpunkt Deutsch 2. Testen und Fördern, Arbeitsheft (ISBN 978-3-209-08434-7)

Testen und Fördern

**Treffpunkt Deutsch**

## Verben konjugieren - Lösungen

Verben können verschiedene **Zeitformen** bilden:
- **Präteritum** (Mitvergangenheit, z. B.: *ich schwamm, er sagte*)
- **Perfekt** (Vergangenheit, z. B.: *ich bin geschwommen, sie hat gesagt*)
- **Präsens** (Gegenwart, z. B.: *ich schwimme, er sagt*)
- **Futur** (Zukunft, z. B.: *ich werde schwimmen, sie wird sagen*)

**1. Ordne die folgenden Personalformen den richtigen Tempora (Zeitformen) zu.**
**Tipp: Streiche die Form durch, wenn du sie in die Tabelle eingetragen hast!**

du bist gerutscht – ich ging – er hat gesehen – er dachte – sie verlangte – du wirst sehen – wir werden lesen – du wirst lügen – ihr lebt – ich schreibe – wir sind gekommen – sie wandern

| Präteritum | Perfekt | Präsens | Futur |
|---|---|---|---|
| ich ging | du bist gerutscht | ihr lebt | du wirst sehen |
| er dachte | er hat gesehen | ich schreibe | wir werden lesen |
| sie verlangte | wir sind gekommen | sie wandern | du wirst lügen |

**2. Ergänze in der Tabelle die fehlenden Stammformen.**

| Präsens | Präteritum | Perfekt (Partizip II) |
|---|---|---|
| reiten | ***ritt*** | ***geritten*** |
| ***gehen*** | ***ging*** | gegangen |
| ***leben*** | ***lebte*** | gelebt |
| ziehen | ***zog*** | ***gezogen*** |
| ***schneiden*** | schnitt | geschnitten |
| fliegen | flog | ***geflogen*** |

◄14

Testen und Fördern

**Treffpunkt Deutsch**

## Aktiv- und Passivformen bei Verben - Lösungen

Verben (Zeitwörter) können im Aktiv oder im Passiv vorkommen:
- **Aktiv**: Eine Tätigkeit oder ein Geschehen wird aus der Sicht des Handelnden beschrieben. Der Handelnde ist zugleich Subjekt des Satzes. – *Sie hören der Lehrerin aufmerksam zu. Der Bauer pflügt den Acker.*
- **Passiv**: Die Tätigkeit oder das Geschehen an sich steht im Vordergrund, der Handelnde kann ungenannt bleiben. – *Der Lehrerin wird (von ihnen) aufmerksam zugehört. Der Acker wird (vom Bauern/durch den Bauer) gepflügt.*

**1. Im Folgenden findest du Satzpaare. Ein Satz jedes Paares steht im Aktiv, einer im Passiv. Schreibe jeweils hinter die Sätze, ob es sich um einen Aktiv- oder um einen Passivsatz handelt.**

a) Sie putzen Schuhe. Aktiv
Schuhe werden geputzt. Passiv

b) Sie schreiben heute in der Schule ein Diktat. Aktiv
In der Schule wird heute ein Diktat geschrieben. Passiv

c) Es wird viel Saft getrunken werden. Passiv
Sie werden viel Saft trinken. Aktiv

d) Sie werden sicher von der Polizei genau beobachtet werden. Passiv
Die Polizei wird sie sicher genau beobachten. Aktiv

◄15


Treffpunkt Deutsch 2. Testen und Fördern, Arbeitsheft (ISBN 978-3-209-08434-7)

Testen und Fördern

**Treffpunkt Deutsch**

Wie im Aktiv können auch im Passiv von einem Verb verschiedene Zeitformen gebildet werden:

| | Aktiv | Passiv |
|---|---|---|
| Präsens (Gegenwart) | Die Polizei verfolgt den Verdächtigen. | Der Verdächtige wird (von der Polizei) verfolgt. |
| Präteritum (Mitvergangenheit) | Die Polizei verfolgte den Verdächtigen. | Der Verdächtige wurde (von der Polizei) verfolgt. |
| Perfekt (Vergangenheit) | Die Polizei hat den Verdächtigen verfolgt. | Der Verdächtige ist (von der Polizei) verfolgt worden. |

**2. Schreibe die Sätze an die richtige Stelle in der Tabelle.**
**Tipp: Streiche den Satz durch, wenn du ihn in die Tabelle eingetragen hast!**

Der Verdächtige ist beobachtet worden. – Der Verdächtige wird beobachtet. – Die Sachen werden aufgeräumt. – Die Sachen wurden aufgeräumt. – Alles ist aufgegessen worden. – Alles wurde aufgegessen.

| Präsens (Gegenwart) | Präteritum (Mitvergangenheit) | Perfekt (Vergangenheit) |
|---|---|---|
| Der Verdächtige wird beobachtet. | Der Verdächtige wurde beobachtet. | Der Verdächtige ist beobachtet worden. |
| Die Sachen werden aufgeräumt. | Die Sachen wurden aufgeräumt. | Die Sachen sind aufgeräumt worden. |
| Alles wird aufgegessen. | Alles wurde aufgegessen. | Alles ist aufgegessen worden. |

◀16

Testen und Fördern

**Treffpunkt Deutsch**

## Adverbiale Bestimmungen - Lösungen

Die **adverbiale Bestimmung** (Umstandsergänzung) ist – neben dem Subjekt, dem Prädikat und den Objekten – ein weiteres Satzglied; es gibt die näheren Umstände eines Geschehens an. Man unterscheidet:

- **adverbiale Bestimmung der Zeit** (antwortet auf Fragen wie *Wann? Wie lange? Wie oft?*), z. B.: *Sie fahren im Sommer nach Griechenland. Sie sind oft in Griechenland.*
- **adverbiale Bestimmung des Ortes** (antwortet auf Fragen wie *Wo? Wohin? Woher?*), z. B.: *Sie fahren im Sommer nach Griechenland. Sie sind oft in Griechenland.*
- **adverbiale Bestimmung der Art und Weise** (antwortet auf Fragen wie *Wie? Wie sehr?*), z. B.: *Mit viel Geschick lösten sie das Rätsel. Er regnete heftig.*
- **adverbiale Bestimmung des Grundes** (antwortet auf Fragen wie *Warum? Weshalb?*), z. B.: *Aufgrund der Hitze mussten sie viel trinken. Aus Angst vor einem Hitzschlag trugen sie Hüte.*

**1. Formuliere wie im Beispiel für die markierten adverbialen Bestimmungen die passende Satzgliedfrage.**

Beispiel: Die Kinder spielten begeistert Ball. (= adverbiale Bestimmung der Art und Weise )
→ Wie spielten die Kinder Ball?

a) Der Chor sang herrlich. (= adverbiale Bestimmung der Art und Weise)
Satzgliedfrage:

Wie sang der Chor?

b) Der Chor sang wegen Weihnachten. (= adverbiale Bestimmung des Grundes)
Satzgliedfrage:

Warum sang der Chor?

c) Der Chor sang in der Kirche. (= adverbiale Bestimmung des Ortes)
Satzgliedfrage:

Wo sang der Chor?

d) Der Chor sang am Abend. (= adverbiale Bestimmung der Zeit)
Satzgliedfrage:

Wann sang der Chor?

◀17


Treffpunkt Deutsch 2. Testen und Fördern, Arbeitsheft (ISBN 978-3-209-08434-7)

Testen und Fördern

**Treffpunkt Deutsch**

**2. Formuliere für die markierten adverbialen Bestimmungen die passende Satzgliedfrage und bestimme anschließend die Art der adverbialen Bestimmung.**

a) <u>Am Morgen</u> war sie immer noch sehr müde.
Satzgliedfrage:

Wann war sie immer noch sehr müde?

Art der adverbialen Bestimmung:

Adverbiale Bestimmung der Zeit

b) <u>Vor Müdigkeit</u> konnte sie sich kaum auf den Beinen halten.
Satzgliedfrage:

Warum konnte sie sich kaum auf den Beinen halten?

Art der adverbialen Bestimmung:

Adverbiale Bestimmung des Grundes

c) <u>Im Bus</u> machte sie noch ein wenig die Augen zu.
Satzgliedfrage:

Wo machte sie noch ein wenig die Augen zu?

Art der adverbialen Bestimmung:

Adverbiale Bestimmung des Ortes

d) Im Unterricht war sie dann aber <u>hellwach</u>.
Satzgliedfrage:

Wie war sie dann aber im Unterricht?

Art der adverbialen Bestimmung:

Adverbiale Bestimmung der Art und Weise

◄18

Testen und Fördern

**Treffpunkt Deutsch**

## Attribute - Lösungen

Ein **Attribut** (Beifügung) ist eine genauere inhaltliche Bestimmung eines Nomens (Namenwortes), z. B. *das <u>lachende</u> Kind – ein Kind, <u>das lacht</u> – das Kind <u>ihrer Schwester</u>*

Wie die Beispiele zeigen, können Attribute aus mehreren Wörtern bestehen und unterschiedliche Formen haben. Erkennen kann man Attribute aber immer daran, dass sie nur gemeinsam mit ihrem Bezugswort im Satz verschoben werden können.

**1. Ergänze in den Sätzen die passenden Attribute.**

ihres Vaters – kleinen – der sie begeisterte – mit Allradantrieb

a) Die Katze spielte mit einem <u>kleinen</u> Wollknäuel.

b) Zufällig hatten sie in der Stadt das Auto <u>ihres Vaters</u> gesehen.

c) Die Familie hatte sich endlich ein Auto <u>mit Allradantrieb</u> gekauft.

d) Das war ein Film, <u>der sie begeisterte</u>.

**2. Stelle wie im Beispiel die Satzglieder um und markiere das Bezugswort des Attributs farbig.**

Beispiel: *Die Familie machte im Sommer einen <u>langen</u> Urlaub.* → *Einen langen <u>Urlaub</u> machte die Familie im Sommer.* (oder: *Im Sommer machte die Familie einen langen <u>Urlaub</u>.*)

a) Der Hund, <u>der immer gerne spielte</u>, fand im Garten einen Ball.

Im Garten fand der <u>Hund</u>, der immer gerne spielte, einen Ball.

b) Das Ferienhaus <u>der Familie</u> lag an einem kleinen See in Oberösterreich.

An einem kleinen See in Oberösterreich lag das <u>Ferienhaus</u> der Familie.

c) Zum Geburtstag wünschte er sich einen Bildband <u>mit Tierfotografien</u>.

Einen <u>Bildband</u> mit Tierfotografien wünschte er sich zum Geburtstag.

◄19


Treffpunkt Deutsch 2. Testen und Fördern, Arbeitsheft (ISBN 978-3-209-08434-7)

**Kompetenztest Grammatik 3**

Name: ______________________ Klasse: ______ Datum: __________

**1. Ordne mittels Pfeilen die Bedeutungsumschreibungen der passenden Redewendung zu.**

| Redewendung | Umschreibung |
|---|---|
| in den sauren Apfel beißen | nicht mehr wissen, was man tut |
| aus der Haut fahren | jemandem seine Meinung sagen, ihn zurechtweisen |
| den Kopf verlieren | wütend werden, aufbrausen |
| weiche Knie bekommen | erleichtert sein |
| jemandem den Kopf waschen | eine unangenehme Aufgabe übernehmen |
| ein Stein vom Herzen fallen | Angst bekommen, unsicher werden |

- in den sauren Apfel beißen → eine unangenehme Aufgabe übernehmen
- aus der Haut fahren → wütend werden, aufbrausen
- den Kopf verlieren → nicht mehr wissen, was man tut
- weiche Knie bekommen → Angst bekommen, unsicher werden
- jemandem den Kopf waschen → jemandem seine Meinung sagen, ihn zurechtweisen
- ein Stein vom Herzen fallen → erleichtert sein

**2. Füge die folgenden Wörter so in die Sätze ein, dass die Sätze sinnvoll und inhaltlich richtig sind.**

Ersatzwörtern – Verweiswörter – Ersatzwörter – Synonyme

a) Ersatzwörter spielen eine wichtige Rolle in Texten, da sie dabei helfen, Wortwiederholungen zu vermeiden.

b) Zu den Ersatzwörtern zählen neben den Pronomen auch Synonyme bzw. bedeutungsähnliche Wörter.

c) Wörter, die im Text auf Inhalte verweisen, die vorher oder nachher im Text stehen, nennt man Verweiswörter.





**3. Markiere in den folgenden Satzgefügen im Gliedsatz das Einleitewort rot und die Personalform grün.**

a) Er hatte verschlafen, obwohl er sich einen Wecker gestellt hatte.

b) Weil er verschlafen hatte, kam er zu spät in die Schule.

c) Nachdem er den Wecker gestellt hatte, ging er ins Bett.

d) Er wird, wenn der Wecker klingelt, eigentlich immer wach.

e) Er stellte sich den Wecker, damit er auf keinen Fall verschläft.

**4. Kreuze an, ob es sich bei den folgenden Satzverbindungen um Hauptsatzreihen oder um Satzgefüge handelt.**

| | | Satzgefüge | Hauptsatzreihe |
|---|---|---|---|
| a) | Damit es ihnen während der langen Zugfahrt, die sie nach Paris unternehmen wollen, nicht langweilig werden wird, nehmen sie sich viele Zeitschriften, die sie zuvor am Bahnhof gekauft haben, und Spiele mit. | X | |
| b) | Während ihre Schwester, die schon immer etwas schneller war als andere, schon fernsah, machte Lena noch immer ihre Hausübungen. | X | |
| c) | Das Kind wachte schon nach kurzer Zeit wieder auf, es kam aus seinem Zimmer und wollte dann nicht wieder ins Bett gehen. | | X |
| d) | Er lernte das Gitarrespielen recht schnell, denn er hat sehr viel geübt. | | X |
| e) | Es regnete, als ob die Sintflut käme. | X | |
| f) | Entweder fliegt sie in den Ferien nach London oder sie macht Urlaub auf dem Bauernhof. | | X |




Treffpunkt Deutsch 2. Testen und Fördern, Arbeitsheft (ISBN 978-3-209-08434-7)

Testen und Fördern

**Treffpunkt Deutsch**

**5. Bilde wie im Beispiel von den folgenden Verben jeweils die entsprechende Form im Präteritum (Mitvergangenheit).**

| Präsens | Präteritum | Präsens | Präteritum |
|---|---|---|---|
| ich stehe | *ich stand* | ich steige | ich stieg |
| ich fahre | ich fuhr | ich komme | ich kam |
| ich fliege | ich flog | ich sehe | ich sah |
| ich rate | ich riet | ich gehe | ich ging |
| ich bitte | ich bat | ich trete | ich trat |

**6. Ordne die Tiere mittels Pfeilen einer Eigenschaft so zu, dass sich ein sinnvoller Vergleich ergibt.**

| | |
|---|---|
| schlau wie | ein Fuchs |
| falsch wie | eine Schlange |
| stark wie | ein Löwe |
| blind wie | ein Maulwurf |
| klein wie | eine Mücke |
| dumm wie | ein Esel |

**7. Kreuze die Sätze an, bei denen ein oder mehr Wörter bildhaft (d. h. nicht in ihrer ursprünglichen Bedeutung) gebraucht werden.**

| | Bildhafter Wortgebrauch |
|---|---|
| a) Sie streichelte dem Pferd den Rücken. | ☐ |
| b) Der Name der Autorin steht auf dem Buchrücken. | ☑ |
| c) Ein ganzer Strom von Fragen prasselte auf sie ein. | ☑ |
| d) Vor ihrem Haus musste ein Baum gefällt werden. | ☐ |
| e) Am Sonntang wollten sie picknicken gehen. | ☐ |
| f) Sie befanden sich auf dem Gipfel ihres Erfolgs. | ☑ |

◄22

Testen und Fördern

**Treffpunkt Deutsch**

## Satzgefüge - Lösungen

Sätze können entweder Hauptsätze oder Gliedsätze (bzw. Attributsätze) sein.

**Hauptsätze** erkennt man daran, dass die Personalform (also das veränderbare Verb) an zweiter Satzgliedstelle steht (also vergleichsweise weit vorne im Satz), z. B.: *Er fror ziemlich. Es war heute furchtbar kalt.*

Bei **Gliedsätzen (bzw. Attributsätzen)** steht die Personalform an letzter Satzgliedstelle (also am Ende des Satzes), z. B.: *Er fror ziemlich, weil es heute furchtbar kalt war.* – Glied- bzw. Attributsätze haben außerdem ein Einleitungswort, z. B.: *Er fror ziemlich, weil es heute furchtbar kalt war.*

**1. Im Folgenden sind in den Satzgefügen die Personalformen markiert. Markiere wie im Beispiel die Hauptsätze und das Einleitungswort der Gliedsätze (bzw. Attributsätze).**

Beispiel:

Am Wochenende geht er später ins Bett, weil er am nächsten Tag ausschlafen kann. →
Am Wochenende geht er später ins Bett, weil er am nächsten Tag ausschlafen kann.

a) Wenn es draußen kalt ist, muss man sich warm anziehen.

b) Sie hat eine Katze, die am liebsten kalte Nudeln isst.

c) Obwohl es stark regnete, wollten sie die Veranstaltung nicht ausfallen lassen.

d) Er sah dem Mann, der mit fünf Bällen jonglierte, genau zu.

◄23


Treffpunkt Deutsch 2. Testen und Fördern, Arbeitsheft (ISBN 978-3-209-08434-7)

## Satzgefüge und Hauptsatzreihen unterscheiden - Lösungen

**Satzgefüge** nennt man Satzverbindungen, die aus einem Hauptsatz und mindestens einem weiteren Glied- bzw. Attributsatz bestehen. Oft können solche Satzgefüge auch recht groß sein, z. B.: *Sie fuhren, nachdem sie sich von allen, mit denen sie während dieser Zeit zusammen waren, verabschiedet hatten, mit dem Bus zum Bahnhof, von wo aus sie ein Zug zum Flughafen bringen sollte.*

Von **Hauptsatzreihen** spricht man, wenn mindestens zwei Hauptsätze aufeinander folgen. Dabei können die Hauptsätze auch durch Konjunktionen (Bindewörter wie *und, denn, oder*) miteinander verbunden sein, z. B.: *Sie fuhren mit dem Bus zum Bahnhof, denn dort sollte sie ein Zug zum Flughafen bringen. Zuvor hatten sie sich noch von allen verabschiedet.*

**1. In den folgenden Teilaufgaben findest du jeweils ein Satzgefüge und eine Hauptsatzreihe. Kreuze entsprechend an.**

a) Er hatte verschlafen und so kam er wieder einmal zu spät in die Schule.

☐ Satzgefüge

☑ Hauptsatzreihe

Weil er verschlafen hatte, kam er wieder einmal zu spät in die Schule.

☑ Satzgefüge

☐ Hauptsatzreihe

b) Sie hatten gar keinen rechten Hunger und aßen trotzdem verhältnismäßig viel, denn sie wollten einfach höflich sein.

☐ Satzgefüge

☑ Hauptsatzreihe

Obwohl sie gar keinen rechten Hunger hatten, aßen sie trotzdem verhältnismäßig viel, denn sie wollten einfach höflich sein, weil sie eingeladen waren.

☑ Satzgefüge

☐ Hauptsatzreihe





c) Endlich waren Sommerferien und die Kinder liefen jubelnd aus der Schule, weil sie sich schon lange riesig darauf gefreut hatten.

☑ Satzgefüge

☐ Hauptsatzreihe

Die Kinder liefen jubelnd aus der Schule, endlich waren Sommerferien und die Kinder freuten sich schon lange riesig darauf.

☐ Satzgefüge

☑ Hauptsatzreihe




Treffpunkt Deutsch 2. Testen und Fördern, Arbeitsheft (ISBN 978-3-209-08434-7)

Testen und Fördern

Treffpunkt Deutsch

## Sprachliche Bilder - Lösungen

> Manchmal werden Wörter in übertragener Bedeutung gebraucht. Man spricht dann von einem **sprachlichen** Bild. Zum Beispiel haben Menschen einen „Rücken", nicht aber Bücher. Dennoch spricht man von „Buchrücken" und meint dann damit die schmale Seite eines Buches, die man sieht, wenn es in einem Regal steht. Hier wird das Wort „Rücken" also übertragen gebraucht.

**1. Im Folgenden findest du Paare mit Ausdrücken. Das markierte Wort wird einmal wörtlich und einmal übertragen gebraucht. Kreuze entsprechend an.**

a) **Bauch**weh
- ☑ wörtlich
- ☐ übertragen

Flaschen**bauch**
- ☐ wörtlich
- ☑ übertragen

b) **Feuer** der Liebe
- ☐ wörtlich
- ☑ übertragen

Kamin**feuer**
- ☑ wörtlich
- ☐ übertragen

c) **Mauer** des Schweigens
- ☐ wörtlich
- ☑ übertragen

**Mauer** neben dem Garten
- ☑ wörtlich
- ☐ übertragen

d) **Welle** in der Brandung
- ☑ wörtlich
- ☐ übertragen

**Welle** des Erfolgs
- ☐ wörtlich
- ☑ übertragen

e) Warte**schlange**
- ☐ wörtlich
- ☑ übertragen

Klapper**schlange**
- ☑ wörtlich
- ☐ übertragen

f) jemanden in den **Himmel** loben
- ☐ wörtlich
- ☑ übertragen

die Wolken am **Himmel** beobachten
- ☑ wörtlich
- ☐ übertragen

◄26

Testen und Fördern

Treffpunkt Deutsch

Kompetenztest Rechtschreibung

Name: ______________________ Klasse: ________ Datum: __________

**1. Welche der folgenden Wörter bzw. Wortgruppen sind Eigennamen? Markiere diese Wörter.**

Mond – (Paris) – Kiefer – Harfe – (Kuba) – (Donau) – Zebrastreifen

**2. In den folgenden Satzpaaren muss das angegebene Adjektiv (Eigenschaftswort) einmal groß- und einmal kleingeschrieben werden. Ergänze es überall in der richtigen Schreibung.**

(österreichisch) Der Österreichische Rundfunk ist eine Stiftung des öffentlichen Rechts. – Touristen fahren gerne an die österreichischen Seen.

(nieder) In Geschichte hörten sie auch vom niederen Adel. – Der größte Berg der Niederen Tauern ist der Hochgolling.

(groß) Der Große Bär ist ein Sternbild des Nordhimmels. – Sie machten in der Rechtschreibung große Fortschritte.

(rot, indisch) Das Rote Meer ist ein Nebenmeer des Indischen Ozeans. – Sie kaufte das rote Seidentuch in einem indischen Geschäft.

◄27


Treffpunkt Deutsch 2. Testen und Fördern, Arbeitsheft (ISBN 978-3-209-08434-7)

Testen und Fördern

**Treffpunkt Deutsch**

**3. Entscheide, ob groß- oder kleingeschrieben werden muss. Schreibe richtig auf.**

Joseph der (ZWEITE) Zweite war der älteste Sohn von Maria Theresia.

Der (ZWEITE) Zweite Weltkrieg dauerte von 1939 bis 1945.

Sie stickte sich ein (ROTES) rotes Kreuz auf ihre Jacke.

In Berlin gibt es ein Rathaus in (ROTER) roter Farbe.

Die (NEUE) Neue Burg ist Teil der Hofburg und ein beliebtes Touristenziel in Wien.

Als (NEUE) Neue Welt wurde von den Europäern das von Kolumbus entdeckte Amerika bezeichnet.

◄28

Testen und Fördern

**Treffpunkt Deutsch**

**4. Zwei der folgenden vier Sätze enthalten eine Nominalisierung.**

Kreuze die richtigen Antworten an.

☑ Beim Schreiben muss er sich sehr konzentrieren.

☐ Sie haben die Suche bald darauf aufgegeben.

☐ Das Paar fuhr nach der Hochzeit nach New York.

☑ Das war das Beste, was ihr je passiert ist.

**5. Ergänze in den Sätzen die Wörter in der richtigen Schreibung.**

Er bot (ihnen/Ihnen) ihnen nach der gemeinsamen Wanderung durch das Gebirge das (du/Du) Du an.

Würden (sie/Sie) Sie (ihrem/Ihrem) Ihrem Hund das (schnuppern/Schnuppern) Schnuppern an meiner Hose (bitte/Bitte) bitte verbieten?

Nach (ihrem/Ihrem) ihrem Aussetzer stand (sie/Sie) sie in der Klasse im (abseits/Abseits) Abseits.

Nach (ihrem/Ihrem) ihrem Sturz stieß (sie/Sie) sie ein lautes (aua/Aua) Aua aus.

◄29




Treffpunkt Deutsch 2. Testen und Fördern, Arbeitsheft (ISBN 978-3-209-08434-7)

**6. Schreibe die angegebenen Wörter in der richtigen Getrennt- und Zusammenschreibung auf.**

Sie malten ihr Baumhaus mit einer Farbe (schön/blau) <u>schön blau</u> an.

Der Unterricht der neuen Lehrerin war (tod/langweilig) <u>todlangweilig</u>.

Das Mädchen war seit ihrer Geburt (taub/stumm) <u>taubstumm</u>.

Er trug einen (langen/buschigen) <u>langen buschigen</u> Bart.

Sie hatte für die Schularbeit (wochen/lang) <u>wochenlang</u> gelernt.

Er gab den Ball (blitz/schnell) <u>blitzschnell</u> an seine Mitspielerin weiter.

**7. Kreuze an, welche der folgenden Verbindungen mit dem Grundwort Verb zusammengeschrieben werden kann oder muss.**

| | kann oder muss zusammengeschrieben werden | darf <u>nicht</u> zusammengeschrieben werden |
|---|---|---|
| (in der Disko) tanzen/gehen | ☐ | ☑ |
| (in der Schule) sitzen/bleiben | ☑ | ☐ |
| kennen/lernen | ☑ | ☐ |
| (an der Wand) hängen/lassen | ☐ | ☑ |
| kalt/duschen | ☐ | ☑ |
| (jemanden) heilig/sprechen | ☑ | ☐ |
| Fahrrad/fahren | ☐ | ☑ |
| eis/laufen | ☑ | ☐ |

◄30

Testen und Fördern

Treffpunkt Deutsch

**8. Bei einem der folgenden Sätze ist die Zeichensetzung bei wörtlicher Rede falsch. Streiche diesen Satz durch.**

„Kommst du mal bitte?", fragte sie.

~~„Ich kann nicht,", sagte er, „weil ich schon verabredet bin."~~

„Das gibt es doch in jedem Geschäft!", sagte er.

**9. Einige der folgenden Wörter sind nicht richtig geschrieben. Kreise diese Wörter ein.**

fertigbringen – (wiedersprechen) – außerhalb – irgendjemand – (interresant)

**10. Setze in den folgenden Satzgefügen den oder die fehlenden Beistriche.**

Sie konnte nicht einschlafen, weil der Lärm auf der Straße zu laut war.

Er hatte immer noch Hunger, obwohl er eigentlich schon recht viel gegessen hatte.

Bevor er sich auf den Weg in die Schule machte, kontrollierte er noch einmal seine Schultasche.

Man sollte sich, wenn es kalt ist, warm anziehen.

◄31


Treffpunkt Deutsch 2. Testen und Fördern, Arbeitsheft (ISBN 978-3-209-08434-7)

Testen und Fördern

Treffpunkt Deutsch

## Eigennamen - Lösungen

Nicht nur Nomen (Namenwörter) werden großgeschrieben, sondern auch Eigennamen. Eigennamen haben aber nicht nur Menschen, sondern auch Länder, Städte, Regionen und anderes mehr. Entscheidend für einen **Eigennamen** ist, dass jemand oder etwas so heißt, unabhängig davon, was er, sie oder es ist. Z. B. ist Wien eine Stadt, heißt aber „Wien", Petra ist ein Mensch, heißt aber „Petra".

**1. Im Folgenden findest du einige Eigennamen. Schreibe jeweils hinter die Eigennamen, was der Eigenname bezeichnet (also z. B. Mensch, Stadt, ...).**

a) London: Stadt

b) Kanada: Staat/Land

c) Steiermark: Bundesland/Region

d) Dachstein: Berg/Gebirge

e) Inn: Fluss

f) Rotkäppchen: Märchenfigur

**2. In den folgenden Sätzen kommt jeweils ein Eigenname vor. Unterstreiche ihn.**

a) Er wurde in Vöcklabruck geboren.

b) Im Sommer wollten sie eine Kanufahrt auf der Donau unternehmen.

c) Die Schülerin will nach der Schule eine Lehre bei Siemens beginnen.

d) In der Theateraufführung sollte er die Rolle des Mephistopheles übernehmen.

◄32

Testen und Fördern

Treffpunkt Deutsch

In **mehrteiligen Eigennamen** werden auch Adjektive (Eigenschaftswörter), Partizipien (Mittelwörter), Pronomen (Fürwörter) und Zahlwörter großgeschrieben, z. B.: *die Niederen Tauern, Joseph der Zweite, der Heilige Geist* usw.

**3. Im Folgenden findest du einige mehrteilige Eigennamen. Unterstreiche das Wort, das klein geschrieben werden müsste, wenn es sich nicht um einen Teil eines Eigennamens handeln würde.**

a) der Erste Mai

b) der Zweite Weltkrieg

c) die Kleinen Antillen

d) die Jüngere Steinzeit

e) die Vereinigten Staaten vom Amerika

f) die Goldenen Zwanziger

**4. In den folgenden Sätzen kommt jeweils ein mehrteiliger Eigenname vor. Unterstreiche ihn.**

a) Er wurde in der Tschechischen Republik geboren.

b) Diese besondere Spinnenart nennt man Schwarze Witwe.

c) Sie wollten auch die Vereinigten Arabischen Emirate besuchen.

d) Sie hatte ausgerechnet an den Heiligen Drei Königen Geburtstag.

◄33


Treffpunkt Deutsch 2. Testen und Fördern, Arbeitsheft (ISBN 978-3-209-08434-7)

Testen und Fördern

Treffpunkt Deutsch

## Groß- und Kleinschreibung - Lösungen

Nicht nur Namen und Nomen (Namenwörter) werden immer großgeschrieben, sondern auch Wörter anderer Wortarten, wenn sie **wie ein Nomen gebraucht** werden, z. B. *das Ernten der Beeren, das war nichts Besonderes.*

Diese nominalisierten Wörter werden oft von einem Artikel oder einem unbestimmten Zahlwort (z. B. *alles, etwas, viel, nichts*) begleitet, z. B.: *das Ernten, alles Gute, viel Schönes.*

**1. In den folgenden Satzpaaren muss ein Wort einmal groß- und einmal kleingeschrieben werden. Ergänze die richtige Schreibung.**

a) Das (füttern/Füttern) **Füttern** der Tiere ist verboten. – Sie wollten die Tiere im Zoo unbedingt (füttern/Füttern) **füttern**.

b) Der Spieler schoss den Ball ins (aus/Aus) **Aus**. – Die Spieler kamen (aus/Aus) **aus** der Kabine.

c) Ich dachte mir, dass (du/Du) **du** das kannst. – Sie bot ihm das (du/Du) **Du** an.

d) Sie erlebten im Urlaub etwas (schönes/Schönes) **Schönes**. – Er wünschte ihnen ein (schönes/Schönes) **schönes** Fest.

◄34

Testen und Fördern

Treffpunkt Deutsch

Das **Anredepronomen** (Anredefürwort) ***Sie*** und die entsprechenden Formen (*Ihr, Ihre, Ihnen, …*) werden immer großgeschrieben, z. B.: *Ich danke Ihnen. Könnten Sie mir bitte helfen?*

Werden die gleichlautenden Pronomen dagegen nicht als Anrede gebraucht, werden sie kleingeschrieben, z. B.: *Sie dankten ihnen. Vielleicht könnte sie ihm helfen.*

**1. In den folgenden Satzpaaren muss ein Pronomen einmal groß- und einmal kleingeschrieben werden. Ergänze die richtige Schreibung.**

a) Dürfte ich bitte (ihre/Ihre) **Ihre** Papiere sehen? – Sie hatte im Zug (ihre/Ihre) **ihre** Tasche vergessen.

b) Sie hat in (ihrem/Ihrem) **ihrem** Geldtascherl einen Glücksbringer. – Auch (ihrem/Ihrem) **Ihrem** Gatten die besten Grüße, bitte!

c) Darf ich (sie/Sie) **Sie** um den nächsten Tanz bitten? – Es wussten alle, dass (sie/Sie) **sie** gerne tanzt.

d) Ist (ihnen/Ihnen) **Ihnen** denn alles egal? – Nach der Schularbeit war (ihnen/Ihnen) **ihnen** klar, dass sie mehr hätten üben müssen.

◄35


Treffpunkt Deutsch 2. Testen und Fördern, Arbeitsheft (ISBN 978-3-209-08434-7)

## Getrennt- und Zusammenschreibung - Lösungen

Zwei Adjektive (Eigenschaftswörter) werden **in der Regel auseinandergeschrieben**, z. B. (*Die Aufgabe ist ganz*) *schön schwer*. (*Es war*) *schrecklich laut*.

**Zusammengeschrieben** werden zwei Adjektive jedoch dann, wenn

- der erste Bestandteil die Bedeutung des nachfolgenden Adjektivs verstärkt oder abschwächt, z. B. *minderwertig, brandaktuell*.
- beide Adjektive gleichrangig sind, z. B. *taubstumm, rotbraun*.

Oft verkürzen zusammengesetzte Adjektive eine längere Wortgruppe, z. B. *tagelang* (= *einige/viele Tage lang*).

**1. Aus vielen Bestandteilen, die die Bedeutung verstärken oder abschwächen, lassen sich mehrere Wörter bilden (z. B. brandgefährlich, brandneu, brandaktuell usw.). Finde zu den folgenden Bestandteilen mindestens zwei passende Adjektive. Benutze ein Wörterbuch.**

tod: z.B. todlangweilig, todtraurig, todmüde

ultra: z.B. ultraleicht, ultracool, ultrarot

ur: z.B. urgemütlich, urkomisch, urplötzlich

**2. Bilde aus den folgenden Ausdrücken ein zusammengesetztes Adjektiv und schreib es auf.**

a) weich wie Butter = butterweich

b) hart wie ein Stein = steinhart

c) reich an Kindern = kinderreich

d) süß wie Zucker = zuckersüß

e) von Angst erfüllt = angsterfüllt

f) vor Freude strahlen = freudestrahlend

◄36



Verbindungen mit einem Verb werden in der Regel getrennt geschrieben bzw. können getrennt geschrieben werden. Folgende Ausnahmen gibt es:

- **Adjektiv** (Eigenschaftswort) **+ Verb** (Zeitwort) muss **zusammengeschrieben** werden, wenn aus der Verbindung eine neue, übertragene Bedeutung entsteht, z. B.: *krankschreiben* (= jemandem eine Krankheit bescheinigen, aufgrund derer er oder sie nicht arbeiten kann).
- **Nomen** (Namenwort) + **Verb** (Zeitwort) muss **zusammengeschrieben** werden, wenn das Nomen verblasst ist. – Dies betrifft folgende Wörter: *eislaufen, kopfstehen, leidtun, nottun, standhalten, stattfinden, stattgeben, statthaben, teilhaben, teilnehmen* und *wundernehmen*, sowie die folgenden Bestandteile: *fehl-, feil-, heim-, irre-, kind-, preis-, wahr-, weis-* und *wett-*. Die Wörter bzw. Bestandteile musst du wie Vokabeln einer Fremdsprache lernen.

**3. In den folgenden Satzpaaren, hat eine Verbindung aus Adjektiv und Verb einmal eine wörtliche und einmal eine übertragene Bedeutung. Schreibe die Verbindung entsprechend in der richtigen Getrennt- bzw. Zusammenschreibung auf.**

a) Er hatte keine Zeit mehr, sich eine Fahrkarte zu kaufen, also musste er schwarz/fahren schwarzfahren. – Nach dem dritten Strafzettel wollte er nie mehr so schnell/fahren schnell fahren.

b) Wer stolpert, kann leicht/fallen leicht fallen. – Wer für die Englisch-Schularbeit fleißig geübt hat, dem sollte die Arbeit nicht schwer/fallen schwerfallen.

c) Die Richterin musste den Angeklagten mangels Beweises frei/sprechen freisprechen. – Da sie in Begleitung war, konnte sie nicht so frei/sprechen frei sprechen, wie sie das sonst getan hätte.

d) Obwohl der Wecker klingelte, wollte er noch ein bisschen im Bett liegen/bleiben liegen bleiben. – Aufgrund ihrer Erkrankung musste im Büro nun einiges an Arbeit liegen/bleiben liegenbleiben.

◄37


Treffpunkt Deutsch 2. Testen und Fördern, Arbeitsheft (ISBN 978-3-209-08434-7)

Testen und Fördern

Treffpunkt Deutsch

## Zeichensetzung - Lösungen

**Gliedsätze** (bzw. Attributsätze) **werden** vom Hauptsatz oder von weiteren Gliedsätzen (bzw. Attributsätzen) **durch Beistriche abgetrennt**, z. B. *Sie kamen, weil sie den Bus verpasst hatten, zu spät. Sie kamen zu spät, weil sie den Bus verpasst hatten. Weil sie den Bus verpasst hatten, kamen sie zu spät.*

**1. Füge jeweils die Sätze zu einem Satzgefüge zusammen. Markiere das Einleitewort des Gliedsatzes und setze den Beistrich entsprechend.**

a) Obwohl er müde war – ging er noch nicht ins Bett.

Obwohl er müde war, ging er noch nicht ins Bett.

b) Sie wurde wach – als der Wecker klingelte.

Sie wurde wach, als der Wecker klingelte.

**2. In den folgenden Satzgefügen ist der Gliedsatz markiert. Füge den Gliedsatz wie im Beispiel in den Hauptsatz ein und setze die Beistriche entsprechend.**

Beispiel: *Sie kamen zu spät, weil sie den Bus verpasst hatten. → Sie kamen, weil sie den Bus verpasst hatten, zu spät.*

a) Es fiel ihnen nichts Gescheites ein, obwohl sie angestrengt nachgedacht hatten.

Es fiel ihnen, obwohl sie angestrengt nachgedacht hatten, nichts Gescheites ein.

b) Nachdem er alles eingekauft hatte, konnte er endlich nach Hause gehen.

Er konnte, nachdem er alles eingekauft hatte, endlich nach Hause gehen.

◄38

Testen und Fördern

Treffpunkt Deutsch

Kompetenztest Schreiben 2

Name: ______________________ Klasse: ______ Datum: __________

**1. Wähle die Worte so aus, dass die Sätze sinnvoll und inhaltlich richtig sind.**

Figuren – Erzählhöhepunkt – Zeit – Erzählweise – Anfang – Schluss – Einleitung – Vorgeschichte – Erzählanfang – Erzählschritte

Die Einleitung einer Geschichte sollte die wichtigsten Angaben zum Ort, der Zeit und den Figuren der Handlung enthalten.

Im Hauptteil wird die Geschichte Schritt für Schritt entfaltet; alle Erzählschritte müssen auf den Erzählhöhepunkt am Ende des Hauptteils ausgerichtet sein.

Der Schluss einer Geschichte sollte so gestaltet sein, dass dann keine wichtigen Fragen mehr offen sind.

◄39


Treffpunkt Deutsch 2. Testen und Fördern, Arbeitsheft (ISBN 978-3-209-08434-7)

**2. Ordne die folgenden Merkmale spannenden Erzählens den Beispielen richtig zu.**

Zeitangaben – sprachliche Bilder und Vergleiche – Fragen an sich selbst – Wahrnehmungen und Gefühle – unbestimmte Wörter

Er lauerte angespannt wie ein Tiger auf der Jagd. – Merkmal: sprachliche Bilder und Vergleiche

Er hörte von irgendwoher ein undeutliches Geräusch. – Merkmal: unbestimmte Wörter

Plötzlich knallte es. – Merkmal: Zeitangaben

Aber konnte das sein? – Merkmal: Fragen an sich selbst

Starr vor Angst sah er das riesige Tier auf ihn zuspringen. – Merkmal: Wahrnehmungen und Gefühle

**3. Gib die folgenden Sätze wie im Beispiel aus der Ich-Sicht wieder.**

Beispiel: *Peter trat langsam in den Raum.* ▶ *Ich trat langsam in den Raum.*

Vorsichtig schaute er sich um. ▶ Vorsichtig schaute ich mich um.

Plötzlich hörte er direkt hinter seinem Rücken ein leichtes Rascheln. ▶ Plötzlich hörte ich direkt hinter meinem Rücken ein leichtes Rascheln.

Peter drehte sich um und spürte zugleich, wie sich ein stechender Schmerz von seinem Hals über seinen ganzen Körper ausbreitete. ▶ Ich drehte mich um und spürte zugleich, wie sich ein stechender Schmerz von meinem Hals über meinen ganzen Körper ausbreitete.

◀40



**4. Kreuze an, welche Aussagen über das Nacherzählen einer Geschichte richtig sind.**

- ☑ Eine Nacherzählung soll so spannend und anschaulich sein wie die Vorlage.
- ☑ Eine Nacherzählung ist kürzer als die Vorlage, doch darf nichts Wichtiges ausgelassen werden.
- ☐ Am Ende einer Nacherzählung sollte man die Geschichte auch noch kurz deuten.
- ☐ Man erzählt bei Nacherzählungen immer mit eigenen Worten, in keinem Fall darf etwas von der Vorlage übernommen werden.
- ☑ Nacherzählungen werden im selben Tempus (Zeitform) geschrieben, das auch in der Vorlage benutzt wird (meist das Präteritum/Mitvergangenheit).

**5. Welche der beiden Beschreibungen ist besser gelungen? Kreuze die bessere Beschreibung an.**

**☑ Beschreibung A**
Das Bild zeigt Kopf und Oberkörper eines etwa zehn Jahre alten Mädchens. Das Mädchen hat dunkelblonde gescheitelte Haare, die ihr bis zur Schulter reichen. Ihr Gesicht ist…

**☐ Beschreibung B**
Das Mädchen auf dem Bild lächelt freundlich. Es ist etwa zehn Jahre alt. Das Mädchen trägt einen blauen Pulli und hat dunkelblonde Haare, die gar nicht zum Pulli passen. Die Haare sind lang und ihr Gesicht ist…

**6. Wie kann ein Gesicht sein? Streiche die Ausdrücke, mit denen man ein Gesicht (die Kopfform) normalerweise nicht beschreiben kann, durch.**

oval – ~~fett~~ – länglich – rundlich – füllig – ~~gerade~~

◀41


Treffpunkt Deutsch 2. Testen und Fördern, Arbeitsheft (ISBN 978-3-209-08434-7)

**7. Ersetze die Lücke durch das passendste der folgenden Wörter.**

Dann – Anschließend – Abschließend – Drittens

Zur Zubereitung eines Marmorkuchens wird Butter mit Staub- und Vanillezucker schaumig gerührt. Dann wird nach und nach Eigelb untergerührt. Dann wird Eiweiß mit dem Kristallzucker zu einem steifen Schnee geschlagen. Anschließend wird der steife Schnee unter die zuvor schaumig gerührte Masse aus Butter und …

**8. Kreuze an, ob die folgenden Merkmale eher dem mündlichen oder eher dem schriftlichen Erzählen zuzurechnen sind.**

| | mündliches Erzählen | schriftliches Erzählen |
|---|---|---|
| Präteritum als vorherrschende Zeitform | ☐ | ☑ |
| mit umgangssprachlichen Ausdrücken und Wendungen | ☑ | ☐ |
| direkte Anrede an das Publikum | ☑ | ☐ |
| kurze und zum Teil unvollständige Sätze | ☑ | ☐ |

**9. Kreuze an, um welche Art der Einleitung es sich bei dem folgenden Text handelt.**

Wenn wir gewusst hätten, welche bösen Überraschungen wir in diesem Urlaub erleben würden, wären wir nicht alle bei der Abfahrt so fröhlich gewesen. Gepackt hatten wir schon am Freitagabend. Am Samstagmorgen dann …

☐ informierende Einleitung
☐ Einleitung mit direkter Rede
☐ Einleitung mitten in die Handlung
☑ vorausdeutende Einleitung
☐ Einleitung vom Ende her





**10. Kreuze an, welche Aussagen über das Schreiben von Erlebniserzählungen richtig sind.**

☑ Der Erzählanfang sollte nicht nur über Wichtiges informieren, sondern auch neugierig machen.
☑ Die Erzählschrittfolge sollte sich auf eine Haupthandlung konzentrieren.
☐ Man sollte sich auf die äußerlich wahrnehmbaren Fakten beschränken und nicht über Gefühle oder Gedanken schreiben.
☑ In der Erlebniserzählung sollte man auch wörtliche Reden verwenden, da diese die Personen und das Geschehen lebendiger machen.
☐ Im Schlussteil der Erlebniserzählung sollte man die wichtigsten Ereignisse noch einmal kurz zusammenfassen, damit die Zuhörerinnen und Zuhörer sie sich besser merken können.
☑ Beim Satzbau sollte man darauf achten, dass er abwechslungsreich ist; bei der Wortwahl kommt es vor allem darauf an, dass man treffende Ausdrücke findet und Wortwiederholungen vermeidet.

**11. Wie heißt die in offiziellen Briefen übliche Anrede? Kreuze an.**

☐ Hallo!
☑ Sehr geehrte Damen und Herren
☐ Guten Tag
☐ Liebe Frau X/Lieber Herr X

**12. Wie heißt die in offiziellen Briefen übliche Grußformel am Ende eines Briefes? Kreuze an.**

☐ Hochachtungsvoll
☐ Liebe Grüße
☐ Herzlichst
☑ Mit freundlichen Grüßen




Treffpunkt Deutsch 2. Testen und Fördern, Arbeitsheft (ISBN 978-3-209-08434-7)

**13. Ordne die Angaben in derselben Reihenfolge an, wie sie auch in einem Brief erscheinen müssen. Ziehe dazu Linien.**

① → Absender (z. B. deine Adresse)
② → Adressat (die Adresse des Briefempfängers)
③ → Betreff
④ → Anrede
⑤ → Grußformel
⑥ → Unterschrift

**14. Deine Klasse hat überlegt, wie man den Pausenhof attraktiver gestalten könnte, und möchte die Direktorin eurer Schule um einen Gesprächstermin bitten, um ihr die Vorschläge zu erklären. Bringe die folgenden Teile dieses Briefes in die richtige Reihenfolge. Ziehe dazu Linien.**

① → Wie Sie sicher wissen, ist die Sauberkeit auf unserem Pausenhof ein großes Problem.
② → Das liegt unserer Ansicht auch daran, dass der Pausenhof wenig attraktiv gestaltet ist und zum „Abladen“ von Mist einlädt.
③ → Es ist deshalb sicher auch in Ihrem Interesse, wenn der Pausenhof schöner gestaltet wird.
④ → Unsere Klasse hat Ideen gesammelt, wie man den Pausenhof so gestalten kann, dass man sich dort wohlfühlt.
⑤ → Gerne würden wir, die Klassensprecher der 2b, Ihnen unsere Ideen und Vorschläge erklären.
⑥ → Auf diesem Weg möchten wir Sie deshalb um einen Termin bitten.





**Kompetenztest Hörverstehen**

**1. Witz**

Ein Indianerstamm will von seinem Medizinmann das Wetter des kommenden Winters wissen. Der Medizinmann hat keine Ahnung, wie der Winter werden wird. Doch um seinen guten Ruf nicht zu verlieren, sagt er ihnen einfach, dass es einen langen, eisig kalten Winter geben wird. Sofort laufen die Indianer los, um Brennholz zu sammeln.
Am nächsten Tag bekommt der Medizinmann ein schlechtes Gewissen. Er zieht sich Straßenkleidung an und fährt in die nächste Großstadt, wo er sich beim Wetterdienst erkundigt, wie das Wetter im Winter werden wird. Die Antwort kommt sofort: „Es wird einen langen, eisig kalten Winter geben, denn die Indianer haben jetzt schon angefangen, Brennholz zu sammeln!“

Welche Aussagen kommen sinngemäß im Hörtext vor?

Kreuze die richtigen Antworten an.

- ☑ Ein Indianerstamm will von seinem Medizinmann das Wetter des kommenden Winters wissen.
- ☑ Der Medizinmann hat keine Ahnung, wie der Winter werden wird.
- ☐ Am nächsten Tag bekommt der Medizinmann einen Anruf vom Wetterdienst.
- ☐ Der Medizinmann verkleidet sich als Indianer und fährt in die nächste Großstadt zum Wetterdienst.
- ☑ Vom Wetterdienst erhält der Medizinmann die Auskunft, dass es einen langen, eisig kalten Winter geben wird.




Treffpunkt Deutsch 2. Testen und Fördern, Arbeitsheft (ISBN 978-3-209-08434-7)

**2. Radiobericht**

Zehn Jahre nach seiner Eröffnung melden die Betreiber des Freizeitparks Fantasia im Burgenland erneut einen neuen Besucherrekord. In der abgelaufenen Saison sind 3 Millionen Besucher in den rund 60 Hektar großen Freizeitpark gekommen. Gestiegen ist dabei vor allem die Zahl der Gäste, die in den freizeitparkeigenen Hotels übernachteten. Der Freizeitpark Fantasia, zu dessen Attraktionen die längste Wildwasser-Bahn Europas, ein großer Märchenpark sowie eine Meerestier-Show mit Walen und Delfinen gehören, beschäftigt nach eigenen Angaben über 2000 Mitarbeiter und erzielt einen Jahresumsatz von 210 Millionen Euro. Damit zählt der Freizeitpark Fantasia zu den größten Freizeitparks in Europa.

a) Welche Aussagen kommen sinngemäß im Hörtext vor?

Kreuze die richtigen Antworten an.

- ☑ Der Freizeitpark Fantasia im Burgenland meldet erneut einen neuen Besucherrekord.
- ☑ Gestiegen ist vor allem die Zahl der Gäste, die in den freizeitparkeigenen Hotels übernachteten.
- ☐ Der Freizeitpark Fantasia besteht bereits seit 110 Jahren.
- ☑ Der Freizeitpark Fantasia zählt zu den größten Freizeitparks in Europa.
- ☐ Der Freizeitpark Fantasia ist der einzige Freizeitpark in Österreich.

b) Mit welchen Attraktionen lockt der Freizeitpark die Besucher an?

Kreuze die richtigen Antworten an.

- ☐ Achterbahn mit Dreifach-Looping
- ☑ längste Wildwasser-Bahn Europas
- ☐ Raubtier-Show mit Tigern und Panthern
- ☑ großer Märchenpark
- ☑ eine Meerestier-Show mit Walen und Delfinen

◀46



Kompetenztest Leseverstehen

Name: ______________________ Klasse: ______ Datum: __________

**1. Kreuze an, welche Aussagen über den Umgang mit Sachtexten richtig sind.**

- ☑ Wichtige Wörter bzw. Begriffe in einem Text nennt man Schlüsselwörter.
- ☐ Bevor man einen Text liest, sollte man sich erst gründlich über den Autor bzw. die Autorin des Textes informieren.
- ☑ Um einen Überblick über den Textinhalt zu bekommen, kann man den Text zunächst überfliegen (d. h. überfliegend lesen).
- ☑ Zur genauen Texterschließung kann man abschnittsweise Überschriften formulieren.
- ☐ Einen Sachtext hat man erst dann verstanden, wenn man ihn schriftlich zusammengefasst hat.

**2. Auf welche der folgenden Fragen sollte ein Bericht unbedingt antworten. Kreuze die Fragen an.**

| | | | |
|---|---|---|---|
| ☑ Wann? | ☐ Woher? | ☑ Wer? | ☑ Was? |
| ☐ Womit? | ☑ Wo? | ☐ Wobei? | ☐ Wie oft? |

◀47


Treffpunkt Deutsch 2. Testen und Fördern, Arbeitsheft (ISBN 978-3-209-08434-7)

**3. Bringe die folgenden Teile einer Kurzmeldung aus der Zeitung in die richtige Reihenfolge. Ordne mit Pfeilen zu.**

① → Am gestrigen Nachmittag kam es in Linz-Urfahr zu einem Zusammenstoß eines PKW mit der Straßenbahn der Linie 3.

② → Der 63-jährige Fahrer des PKW hat nach eigenen Angaben die Ampel übersehen und bog in die Rudolfstraße nach links ein.

③ → Dort stieß er mit dem rechten Kotflügel seines Wagens an den letzten Wagen der Straßenbahn.

④ → Der Fahrer des PKW blieb unverletzt, auch Straßenbahnbenutzer kamen nicht zu Schaden.

⑤ → Allerdings konnte der 63-Jährige die Fahrt nicht fortsetzen, sodass sein PKW abgeschleppt werden musste.

⑥ → Aufgrund der Abschlepparbeiten entstand in der Hauptstraße ein Rückstau bis zur Nibelungenbrücke.

**4. Kreuze an, welche Aussagen über das Schreiben eines Berichtes richtig sind.**

☑ In einem Bericht sollten – wenn möglich – alle W-Fragen zu einem Ereignis beantwortet werden.

☑ In der Überschrift zu einem Bericht sollte die Beantwortung der Was-Frage zumindest angedeutet werden.

☐ Alle wichtigen Informationen sollten am Berichtende stehen, um so die Spannung für die Leserinnen und Leser aufrecht zu halten.

☑ Berichte sollten sachlich geschrieben sein und keine Wertungen oder Kommentare enthalten.

☑ Zeitform eines Berichts ist stets das Präteritum (Mitvergangenheit).

◄48



**5. Kreuze an, welche Aussagen über das Auswerten und Beschreiben von Diagrammen richtig sind.**

☐ Wenn man ein Diagramm beschreibt, sollte man immer alle Werte bzw. Angaben nennen.

☑ Im Einleitungssatz zur Beschreibung eines Diagramms sollte man auf die Diagrammart und das Thema des Diagramms eingehen.

☑ In der Beschreibung eines Diagramms sollte man gegebenenfalls auch auf Fehler bzw. Mängel des Diagramms eingehen.

☑ In der Beschreibung eines Diagramms sollte man auch angeben, wie das Diagramm aufgebaut ist und welche Werte (z. B. Prozent, Zahlenwerte) angegeben sind.

☐ Im Schlusssatz zur Beschreibung eines Diagramms sollte man kurz beschreiben, ob man vom Inhalt der Darstellung bzw. von einzelnen Werten überrascht gewesen ist.

**6. Kreuze an, welche Aussagen über den Aufbau von Werbeanzeigen richtig sind.**

☑ Im Zentrum einer Werbeanzeige steht meist ein zentrales (Produkt-)Bild.

☐ Das zentrale (Produkt-)Bild soll die Betrachterinnen und Betrachter vor allem neugierig auf den Werbetext machen.

☐ Der Werbetext ist stets sachlich geschrieben und nennt die Vor- und Nachteile eines bestimmten Produkts.

☑ „Headline" nennt man die Überschrift bzw. Schlagzeile einer Werbeanzeige; die Headline soll die Aufmerksamkeit der Betrachterinnen und Betrachter wecken.

☑ „Slogan" nennt man einen kurzen Satz, der eng mit einem Produkt oder Unternehmen verbunden ist und der oft über Jahre gleich bleibt.

◄49


Treffpunkt Deutsch 2. Testen und Fördern, Arbeitsheft (ISBN 978-3-209-08434-7)

Testen und Fördern

Treffpunkt Deutsch

7. **Kreuze an, welche Aussagen über die verschiedenen Textsorten richtig sind.**

☒ Eulenspiegelgeschichten haben immer einen vergleichbaren Aufbau: Fast immer trifft Eulenspiegel auf Menschen, die er durch seinen Witz entlarvt.

☒ Häufig entsteht in Eulenspiegelgeschichten die Pointe (der Witz) dadurch, dass Eulenspiegel eine Redensart wörtlich nimmt.

☐ Lügengeschichten nennt man erlogene Geschichten, die immer als Er-Erzählung abgefasst sind.

☐ Schildbürgergeschichte nennt man Geschichten, die in einem Dorf spielen, in dem an allen Häusern große Schilder mit einem roten Punkt in der Mitte hängen.

☒ Fabeln haben immer einen vergleichbaren Aufbau, der Schilderung der Ausgangssituation folgt der Konflikt, dann die Lösung dieses Konflikts.

☐ Alle Erzählungen, in denen Tiere vorkommen, die sprechen und wie Menschen denken können, nennt man Fabeln.

8. **Kreuze an, um welche Textsorte es sich bei dem folgenden Text handelt.**

Ein Rabe trug ein Stück vergiftetes Fleisch, das der erzürnte Gärtner für die Katzen seines Nachbarn hingeworfen hatte, in seinen Klauen fort.
Und eben wollte er es auf einer alten Eiche verzehren, als sich ein Fuchs herbeischlich und ihm zurief: Sei mir gesegnet, Vogel des Jupiter!
– Für wen siehst du mich an?, fragte der Rabe.
– Für wen ich dich ansehe?, erwiderte der Fuchs. Bist du nicht der rüstige Adler, der täglich von der Rechten des Zeus auf diese Eiche herab kommt, mich Armen zu speisen? Warum verstellst du dich? Sehe ich denn nicht in der siegreichen Klaue die erflehte Gabe, die mir dein Gott durch dich zu schicken noch fortfährt?
Der Rabe erstaunte und freute sich innig, für einen Adler gehalten zu werden. Ich muss, dachte er, den Fuchs aus diesem Irrtume nicht bringen. – Großmütig dumm ließ er ihm also seinen Raub herabfallen und flog stolz davon.
Der Fuchs fing das Fleisch lachend auf und fraß es mit boshafter Freude. Doch bald verkehrte sich die Freude in ein schmerzhaftes Gefühl; das Gift fing an zu wirken, und er verreckte.
Möchtet ihr euch nie etwas anders als Gift erloben, verdammte Schmeichler!

[Gotthold Ephraim Lessing: Der Rabe und der Fuchs. In: Gotthold Ephraim Lessing: Werke und Briefe in zwölf Bänden. Hrsg. von Wilfried Barner u.a. Band 4: Werke 1758–1759. Frankfurt/Main: Deutscher Klassiker Verlag, 1997, S. 321 f.]

☐ Lügengeschichte ☐ Schwank ☒ Fabel

☐ Märchen ☐ Fantasieerzählung

◂50

Testen und Fördern

Treffpunkt Deutsch

9. **Füge die folgenden Wörter so in die Sätze ein, dass die Sätze sinnvoll und inhaltlich richtig sind.**

Epik – Lyrik – Dramatik

Szenische Texte wie Theaterstücke oder Drehbücher gehören zur Gattung Dramatik.

Erzählende Texte wie Romane oder Märchen gehören zur Gattung Epik.

Gedichte gehören zur Gattung Lyrik.

◂51


Treffpunkt Deutsch 2. Testen und Fördern, Arbeitsheft (ISBN 978-3-209-08434-7)

Treffpunkt Deutsch 2. Testen und Fördern, Arbeitsheft (ISBN 978-3-209-08434-7)

Treffpunkt Deutsch 2. Testen und Fördern, Arbeitsheft (ISBN 978-3-209-08434-7)

Treffpunkt Deutsch 2. Testen und Fördern, Arbeitsheft (ISBN 978-3-209-08434-7)

Treffpunkt Deutsch 2. Testen und Fördern, Arbeitsheft (ISBN 978-3-209-08434-7)